SANTA DULCE DOS POBRES

O anjo bom do Brasil

Luz do mundo

- *Antonio: palavras de fogo, vida de luz* – Madeline Pecora Nugent
- *Charles de Foucauld: o irmãozinho de Jesus* – Jean-François Six
- *Francisco de Paula Victor: apóstolo da Caridade* – Gaetano Passarelli
- *Santa Dulce dos pobres: o anjo bom do Brasil* – Gaetano Passarelli
- *Irmão Roger de Taizé: uma esperança viva* – Christian Feldmann
- *João Leão Dehon: o profeta do verbo ir* – Pe. Zezinho
- *João Paulo II: um Papa que não morre* – Gian Franco Svidercoschi
- *Lindalva Justo de Oliveira: a bem-aventurada filha da caridade* – Gaetano Passarelli
- *Nhá Chica, perfume de rosa: vida de Francisca de Paula de Jesus* – Gaetano Passarelli
- *Palavras-chave de João Paulo II* – Renzo Agasso e Renato Boccardo
- *Paulo: apóstolo dos gentios* – Rinaldo Fabris
- *Rita de Cássia: a santa dos casos impossíveis: uma história de amor e ódio, de vingança e perdão* – Franco Cuomo
- *Santa Mônica: modelo de vida familiar* – Giovanni Falbo
- *Santo Agostinho: a aventura da graça e da caridade* – Giuliano Vigini
- *São Martinho de Lima* – Giuliana Cavallini
- *Teresa de Ávila: mística e andarilha de Deus* – Bernard Sesé
- *Teresa de Calcutá: uma mística entre o Oriente e o Ocidente* – Gloria Germani

Gaetano Passarelli

SANTA DULCE DOS POBRES

O anjo bom do Brasil

Paulinas

Dados Internacionais de Catalogação na Publicação (CIP)
(Câmara Brasileira do Livro, SP, Brasil)

Passarelli, Gaetano
    Santa Dulce dos pobres : o anjo bom do Brasil / Gaetano Passarelli ; [tradução Regina Cony]. – 4. ed. – São Paulo : Paulinas, 2019. – (Coleção luz do mundo)

    Título original: Irma Dulce : l'angelo buono della Bahia
    ISBN 978-85-356-4561-3

    1. Dulce, Irmã, 1914-1992 2. Religiosas - Biografia I. Título. II. Série.

19-29259   CDD-922.2

Índice para catálogo sistemático:
1. Irmã Dulce : Biografia 922.2

Cibele Maria Dias - Bibliotecária - CRB-8/9427

© 2002, Gaetano Passarelli

Direção-geral: Flávia Reginatto
Editora responsável: Luzia M. de Oliveira Sena
Assistente de edição: Andréia Schweitzer
Tradução: Regina Cony
Copidesque: Ana Cecília Mari
Coordenação de revisão: Marina Mendonça
Revisão: Ruth Mitzuie Kluska
Direção de arte: Irma Cipriani
Gerente de produção: Felício Calegaro Neto
Capa e editoração eletrônica: Manuel Rebelato Miramontes
Fotos: Acervo das Obras Sociais Irmã Dulce

4ª edição – 2019
3ª reimpressão – 2024

Nenhuma parte desta obra poderá ser reproduzida ou transmitida por qualquer forma e/ou quaisquer meios (eletrônico ou mecânico, incluindo fotocópia e gravação) ou arquivada em qualquer sistema de banco de dados sem permissão escrita da Editora. Direitos reservados.

Cadastre-se e receba nossas informações
paulinas.com.br
Telemarketing e SAC: 0800-7010081

Paulinas
Rua Dona Inácia Uchoa, 62
04110-020 – São Paulo – SP (Brasil)
📞 (11) 2125-3500
✉ editora@paulinas.com.br

© Pia Sociedade Filhas de São Paulo – São Paulo, 2010

"A caridade não pode ter as mãos amarradas."

Irmã Dulce

APRESENTAÇÃO

No dia 13 de março de 1992 o céu parecia mais luminoso do que em qualquer outro dia. A Bahia inteira, comovida, despedia-se de Irmã Dulce. Os católicos celebravam, os ateus honravam, pessoas de todas as outras religiões reverenciavam. Aquele, de fato, era um dia inesquecível para todos os baianos.

Interessante descobrir que na liturgia da Igreja os santos são festejados no dia de sua morte. É o nascimento definitivo para Deus, testemunhado por todos na terra e festejado gloriosamente no céu.

Irmã Dulce não falava de céu, embora o amasse bastante. Seu amor era "encarnado", na terra, em cada rosto que sinalizava a desumanização do próprio ser. Era a própria encarnação do Natal e do franciscanismo. Algo que acontece raramente em alguma década de algum século.

O nome religioso de Irmã Dulce e de sua cruzada pelo amor era já conhecido de todos. Aliás, ainda hoje é sinônimo de bondade e de tudo quanto se refira ao bem. O burburinho da turba, as chamadas de toda a imprensa, as conversas entre vizinhos, os diálogos nas esquinas e pontos de ônibus... tudo naquele dia se referia ao doce nome de Dulce, bem como a seus feitos, sua heroicidade e, sobretudo, à doçura de sua vida.

Falava-se também de saudade. Aquela ausência seria sentida e se tornaria presença na lembrança vivida a cada dia. A Basílica de Nossa Senhora da Conceição da Praia estava cheia de gente, de sentimento, de fé, de saudade. Alberto de

Campos dizia, talvez ainda mais ao olhar a praia do adro da Conceição, que "todo cais é uma saudade de pedra". Alguém já o parafraseou dizendo que "todo sino é uma saudade de bronze". Esta era a melodia do campanário naquele dia.

Somente a partir desse dia se consegue redescobrir outro: o 26 de maio de 1914. Nesse dia, de uma relação amorosa e procriativa nascia uma menina. Nascemos de um desejo, de uma falta que se completa no outro através do amor e da doação de vida e de corpos.

Das primícias matrimoniais de Augusto e Dulce, nascia Maria Rita, feliz no seio familiar, anônima aos olhos do mundo. Por aquilo que seria e por todo o bem que faria, muito apropriadamente se aplicava a expressão do poeta William Blake: "Por causa desse momento, valeu o universo ter sido criado".

Mas não foi apenas isso. Revendo uma data a partir da outra, descobre-se uma imensa saudade que não se restringe ao ambiente familiar vivido na alegria e na tristeza, na saúde e na doença, nas canções matinais de um domingo distante, dos hinários ou das cirandas. Era, pois, a vida desabrochando. Era o divino amor a vicejar num coração que produziria uma benfazeja paz nos corações feridos.

As primeiras páginas desta obra não falam de sussurros angelicais do "anjo bom da Bahia". Traduzem murmúrios solenes de uma família em canções distantes pelo tempo e muito atuais pela saudade.

O livro é entremeado de histórias de amor. E como já dizia o clássico da mística espiritual, "não há amor sem dor" (Imitação de Cristo, São Paulo, Paulinas, 2009).

As últimas páginas traduzem o coro das obras, não de pessoas humanas. E pensar que a OSID (Obras Sociais Irmã Dulce) tem o nome de Obra(s). Talvez alguém inspirado tenha se recordado de que o santo de devoção de Irmã Dulce, Antonio de Pádua, assim pregava: "Cessem as palavras, falem as obras".

Mais do que um dia após o outro, a grande lição do tempo que o amor nos ensina é que um dia está ligado ao outro. Tudo está em comunhão, em sintonia. O eterno não é um dia que não se acaba. É o tempo vivido intensamente no amor.

Aos detalhes nada se acrescenta. Eles já são acréscimos do ordinário que se transformou em extraordinário e, por isso, especial.

"A vela que se apaga é um sol que morre. A vela morre mesmo mais suavemente que o astro celeste. A chama morre bem: ela morre adormecendo", dizia Gaston Bachelard. Com relação a Irmã Dulce, eu acrescento: morre iluminando, desperta sentimento, ressuscita o amor, vive nascendo.

Frei José Ruy G. Lopes
Frade menor capuchinho

Capítulo 1

A SEPARAÇÃO DA FAMÍLIA

Era 9 de fevereiro de 1933, uma quinta-feira, quando, no número 61 da Rua Independência, em Salvador da Bahia, ouviu-se um movimento inusitado dos inquilinos muito antes que a alvorada começasse a iluminar a cidade.

"Vamos, Mariinha, desce... Vamos acabar perdendo o trem!", disse com voz firme o Doutor Augusto na base da escada.

A jovem respondeu com um "sim" mecânico, como se o pai pudesse ouvir aquele sopro fraco. Não conseguia levantar a mala de cima da cama e muito menos se afastar daquele quarto que dividia com Dulcinha, a irmã um ano mais nova, e a pequena Terezinha.

Não pregara o olho durante toda a noite e tudo lhe parecia difícil. Além do mais, aquele rebuliço criado dentro de casa com a sua partida a incomodava. Quisera já estar bem longe!

Finalmente, decidiu pegar a mala e saiu para o corredor, onde, com os olhos inchados e um nó na garganta na tentativa de conter o choro, a madrasta Alice a esperava. Endireitou-lhe o laço do chapeuzinho e a abraçou. Com um fio de voz, conseguiu lhe dizer no ouvido: "Que Nosso Senhor do Bonfim te acompanhe!".

Maria Rita [Mariinha] olhou-a e, incapaz de responder, esboçou um sorriso. Em seguida, aproximou-se de Augusto Júnior, já com vinte anos, e deu-lhe um leve soco no peito, como se com aquele gesto desejasse descarregar toda a tensão que sentia dentro de si. Só então pôde dar vazão a um riso misturado ao pranto. Também Aloysio veio encontrá-los ali, e os dois irmãos torturaram-na ao abraçá-la com força.

"Mariinha!...", chamou ainda mais uma vez o Doutor Augusto. "E vocês, vamos, deixem-na em paz..." Era também uma maneira de romper a forte comoção que dominava todo o ambiente.

Dessa vez a jovem não respondeu, dirigiu-se às escadas e desceu correndo, seguida de perto por seus irmãos mais novos, Geraldo, Dulcinha e Terezinha, que não queriam nem saber de ficar em casa.

O Doutor Augusto conseguiu controlar as lágrimas com dificuldade ao ver aquele pequeno pelotão e, enquanto inúmeros sentimentos e emoções intensas vinham-lhe à mente como num relâmpago, como uma galinha à frente de seus pintinhos começou a caminhar depressa para chegar o quanto antes à Estação de Calçada. Lembrou-se dos domingos em que ia, juntamente com a sua ninhada, ao Estádio da Graça e que Maria Rita, ou melhor, Mariinha, era a torcedora mais ardorosa. O dia em que o time do Ypiranga, pelo qual torcia, derrotara o Botafogo com dois gols marcados pelo seu jogador preferido, Apolinário Santana, mais conhecido por Popó, fora memorável. Naquela época, nem ele nem os familiares poderiam imaginar que exatamente aquela a quem na família todos chamavam de "machão" iria ser a primeira a deixar o lar para se tornar freira. Sim, aquela moça radiante, que gostava de desafiar os irmãos na luta, no jogo de bola, a subir nas árvores... Ele deixou escapar um sorriso de autocomiseração – era verdade! –, "o homem põe e Deus dispõe".

Geraldo caminhava a seu lado; parecia estar marchando com o espírito de um soldado que leva para o patíbulo um condenado à morte. Gostaria de poder adentrar por um segundo em seu pensamento. Olhou-o com o rabo de olho e leu em seu rosto aquela severidade com a qual ele se apresentara no seu escritório, havia cinco anos, e, muito circunspecto, dissera-lhe que tinha algo urgente e grave para lhe comunicar. Descobrira que Maria Rita fizera uma requisição para ser admitida no monastério de Nossa Senhora do Desterro sem que ninguém soubesse. E, naquela ocasião, dissera-lhe em tom seco: "Papai, não a deixe ir!". Exatamente assim, intimara-o a cumprir o seu dever de pai. E ele havia chamado a filha para lhe pedir explicações, mas, ao vê-la decidida, pediu que pelo menos terminasse a Escola Normal* antes de partir. Maria Rita abaixou a cabeça e obedeceu sem demonstrar nem tristeza nem melancolia, mas continuou a viver aquele ideal em seu íntimo. Geraldo, no entanto, permanecera irredutível: não queria de jeito nenhum que a irmã se tornasse freira e, assim, agora a acompanhava contrafeito.

Enquanto o Doutor Augusto e Geraldo caminhavam adiante, Maria Rita seguia a pouca distância juntamente com Dulcinha e Terezinha.

"Me leva com você", era o refrão que Terezinha repetia sem parar, desde que se levantara.

"Eu já disse que você não pode vir comigo", respondia pacientemente Mariinha.

---

* O Curso Normal, criado em 1835 no Brasil, tinha o objetivo de formar professores para atuarem no magistério de ensino primário e era oferecido em cursos públicos de nível secundário (hoje Ensino Médio). (N.E.)

"Mas por quê?", choramingava a menina.

"Porque no convento só deixam entrar as freiras ou as pessoas que como eu querem ser freiras. Quando a gente chegar ao portão de entrada, o que a freira – que é muito severa – irá dizer?" E, imitando a voz da Irmã Dorothea, a porteira do convento de Santa Clara do Desterro: "'Olá, menina! Você não pode entrar!'; e, então, o que você vai fazer? Vai dormir debaixo da marquise como os pobrezinhos e voltar para casa sozinha?".

A menina não se deu por vencida e, lançando mão de outros recursos, insistiu: "Mas nós somos espertas! Não é, Mariinha? Você me esconde, a porteira não me vê e assim nós duas entramos e eu fico com você!".

"Como?"

"É simples! Você me coloca dentro da mala com Celica..."

"Quer dizer então que hoje à noite devo chorar pela morte da minha querida irmãzinha?", disse Maria Rita com ironia.

"Não! Eu explico o que você deve fazer: quando a gente chegar à estação, você faz um furinho na mala com uma faca. Assim, vou poder respirar e você vai ver que, depois que a gente conseguir passar pela freira, ninguém vai ter coragem de me mandar de volta para casa!"

Maria Rita olhou para Dulcinha, que não largava a sua mão, e sorriu. Depois olhou para Terezinha e lhe disse, com um ar de cumplicidade: "Pede para o papai!".

A menina, no entanto, não queria dirigir-se ao pai porque temia que ele a repreendesse. Ela esperava sempre que aquela irmã com longos caracóis negros, que ela amava mais do que a própria mãe, se comovesse. Ia saltando ao lado de Maria Rita e, de vez em quando, olhava para ela, puxava a sua saia e choramingava.

Se não fosse pela presença de Terezinha, o caminho teria sido coberto de silêncio, enquanto a luz da alvorada endureceria os traços de seus rostos absortos – o rosto do Doutor Augusto, escarnado, dava a impressão de ter sido esculpido em madeira.

***

O apito do trem irrompeu no ar quase como uma advertência, enquanto a locomotiva, sombria, resfolegava com impaciência sobre os trilhos. A austeridade rígida das linhas do trem era interrompida pela elegância das faixas douradas que emolduravam as janelas dos últimos vagões e corriam ao longo das laterais formando um extenso contorno oval, em cujo centro havia uma roda de ferro com asas, símbolo da companhia ferroviária. No andar superior, para tranquilizar os passageiros mais elitizados, lia-se "Especial": tratava-se dos vagões da primeira classe, com poltronas forradas em couro.

O grupo prosseguiu adiante até alcançar outros dois vagões bem mais modestos, sem nada escrito e com bancos de madeira.

O vaivém agitado dos carregadores, do chefe do trem e do chefe da estação, com os seus quepes empinados que faziam com que todos parecessem generais, misturado ao resfolegar enfumaçado da locomotiva, aos gritos dos maquinistas, ao apito, que se repetia com mais frequência, transmitiam uma sensação de angústia, fazendo com que todos caminhassem mais depressa.

As pessoas cumprimentavam o Doutor Augusto ao vê-lo passar. Na realidade, na cidade eram poucos os que não o conheciam.

Filho de Manoel Lopes Pontes, que tinha sido um importante político baiano, provinha da alta burguesia, mas não fora por esse motivo que se tornara famoso. As autoridades e a classe alta o conheciam devido à sua renomada fama de catedrático de prótese dentária da Universidade da Bahia, e a ele recorriam sempre que precisavam. Assim sendo, privava da intimidade do arcebispo, Dom Augusto álvaro da Silva, e de pessoas importantes como Simões Filho, Otávio Mangabeira, Rui Barbosa e muitos outros.

O fato de conhecê-lo não era um privilégio da classe mais abastada; também os pobres tinham acesso a ele, e a lista com os seus nomes encheria páginas e páginas. Isso porque ele era um dos fundadores do Abrigo dos Filhos do Povo, que ficava no bairro da Liberdade, tendo ali criado o posto odontológico onde atendia os necessitados gratuitamente.

Seu amor ao próximo não terminava aí. Ele subvencionava os professores do abrigo responsáveis pela educação de aproximadamente quatro mil jovens que ali costumavam ir com frequência. Esse colégio, para ele, era como a "cachaça", dizia afetuosamente Dona Alice, a sua segunda esposa. Incansável, ia até os bairros mais pobres de Salvador dentro de uma ambulância aparelhada e dava assistência odontológica a todas as crianças e jovens, executando uma verdadeira campanha de prevenção. Enfim, era um cristão caridoso, humilde e muito ligado à sua família.

Naquela manhã, mesmo respondendo aos cumprimentos, o Doutor Augusto caminhava reto e não descansou até acomodar Maria Rita e as bagagens no vagão.

A jovem sentou-se e terezinha pulou para o seu colo, alimentando a esperança de que no último momento a irmã lhe desse permissão para viajar com ela.

Dulcinha, com as costas apoiadas na janela, acariciava os longos cabelos negros de Maria Rita, fixando o vazio, com uma lágrima suspensa no canto do olho, assim como Geraldo e o pai.

Ouviram-se o apito do chefe da estação, o barulho das portas dos vagões fechadas com força e, naturalmente, alguém que reclamava em voz alta. O trem, com um forte arranco, partiu lentamente, quase resignado com o longo percurso que tinha à sua frente.

Maria Rita deveria descer do trem em São Cristóvão, a antiga capital do Estado de Sergipe, onde ficava o noviciado da jovem Congregação das Irmãs Missionárias da Imaculada Conceição da Mãe de Deus.

O trem fazia duas paradas na área urbana e já começava a se aproximar da pequena estação de Plataforma, onde os acompanhantes deveriam deixar o trem. O Doutor Augusto beijou a testa da filha e se afastou para não ceder ao choro. As últimas a sair foram Dulcinha e terezinha, que tiveram de correr para descer do vagão.

Maria Rita, ao ver desaparecerem no horizonte os parentes e, juntamente com eles, as últimas casas de Salvador, sentou-se e, com o olhar fixo no vazio, explodiu num pranto copioso e liberatório. Jamais pensara que a separação pudesse ser tão dolorosa e cheia de saudade. Sua alma repetia obsessivamente: "Adeus, Salvador. Adeus, papai. Adeus, minha Dulcinha...", e desfiava, como um rosário, todos os nomes dos membros da família, recomeçando logo em seguida.

    Pressentindo uma sensação de esgotamento, finalmente começou a se acalmar e, embalada pelo monótono movimento do trem, adormeceu.

Capítulo 2

LEMBRANÇAS DO PASSADO

O apito do trem, que retomava a corrida depois da parada em Mata de São João, interrompeu o cochilo de Maria Rita. Ela olhou a seu redor e viu que os bancos do vagão estavam ocupados por poucas pessoas, taciturnas, quase amedrontadas por aquele monstro de ferro em que viajavam.

Esfregou os olhos e, olhando pela janela, deu-se perfeitamente conta do rompimento que fizera naquela manhã e da corrida que a estava levando em direção à sua nova vida.

"Tudo por culpa de tia Nininha [Madalena]!", pensou, esboçando um sorriso. "Se mamãe ainda fosse viva..."

Afrouxadas as rédeas dos pensamentos, vieram à tona diversas lembranças: os banhos de mar, os passeios no lombo de mula, as subidas nas árvores, os jogos de futebol, enquanto o seu olhar se perdia entre as colinas verdejantes cobertas de coqueiros.

O vulto de sua mãe surgiu diante de seus olhos. Era carinhoso e sorridente, doce como o seu nome. A lembrança era viva, mas esfumaçada; mais do que uma imagem, era um emaranhado de sentimentos e de fortes emoções. Ela se via menina ao redor da sua cama, mimando-a pelo nascimento da última filha, Regina. A mãe fizera com que ela beijasse a recém-nascida, mas estava pálida, quase diáfana e cansada. Parecia que também aquele sorriso entristecedor lhe pesasse. Papai Augusto tinha o rosto preocupado. Não via a hora de fazer com que ela e os irmãos saíssem do quarto e ficassem com tia Madalena.

Dois dias depois, a tia os chamaria para perto de si e diria: "Meus filhos, vamos rezar uma Ave-Maria". Em seguida, faria com que se arrumassem para sair, pois todos deveriam se despedir da mamãe, que o Senhor tinha chamado e que partira para o céu.

"mas por que ela não nos esperou? Se ela já foi embora, como é que vamos nos despedir dela?..." "Como eu era ingênua!", pensou, sorrindo de forma pesarosa. Ainda experimentava a sensação da sua mãozinha passada pela última vez sobre o rosto da mamãe Dulce. E, depois... depois, nunca mais a viu.

O seu pensamento se deteve. Os olhos abertos fixaram o vazio e ela sentiu o calor das lágrimas que lhe sulcavam a face. Na sua mente, ouviu ainda mais uma vez aquelas palavras doces que a mãe deixara para ela e irmãos como um testamento de amor, em um caderno de poesias muito afetuosas, intitulado "O mensageiro do amor", no qual escrevera: "Este livro ficará guardado para um dia os meus filhos lerem e verem o que é um amor verdadeiro e puro. Saberem o quanto eu amei e amo seu pai, com o mesmo amor como se o visse agora. Tenho já desse amor cinco frutos, aos quais eu adoro muito..."

Em seguida, voltou às suas lembranças.

Passados alguns dias, a mesma tia Madalena os chamou novamente a seu redor para rezar uma outra Ave-Maria e, depois, disse: "Meus filhos, esta é para a irmãzinha Regina, que, por ser muito pequena, não podia ficar sem a mamãe e, assim, o Senhor também a chamou".

Estabeleceu-se um grande vazio dentro de casa, apesar de as tias Madalena e Georgina terem vindo morar ali e de tia Mariazinha, que vivia com sua família, vir visitá-los todos os dias.

Adeus à liberdade que mamãe nos dava. As tias pareciam dois sargentos de infantaria muito eficazes: era preciso estudar, e elas controlavam tudo; era preciso rezar com elas; era preciso... era preciso... ainda bem que tinha o papai Augusto! Ele os levava ao estádio aos domingos, no verão iam à praia de Montserrat, ou visitavam o padrinho Bernardo Catharino na sua bela casa no bairro da Vitória...

Um apito duplo do trem interrompeu a sequência dos pensamentos e um rumor de cem tambores ressoou no ar: estava atravessando a ponte sobre o rio Pojuca. Aquele curso d'água parecia uma serpente de cristal que, cortando a floresta, refletia a luz contra o céu, um céu que se apresentava com um azul cada vez mais intenso.

Grandes clareiras começaram a alternar-se, contornadas por altos palmeirais, no bosque denso. Numa delas, muito ampla, o trem pôs-se a apitar ininterruptamente, quase deleitando-se, enquanto, à medida que se afastava, podíamos ouvir o seu eco.

Maria Rita, tomada pela curiosidade, levantou-se e da janela viu, ao longe, um grupo de crianças que gritavam ao longo dos trilhos. O trem diminuiu a marcha e, sempre apitando com alegria, respondia à festa que elas lhe faziam, vestidas apenas com alguns farrapos. Estavam felizes e sacudiam no ar tudo o que estava ao alcance de suas mãos: flores, folhas, até mesmo as mãozinhas dos pequenos irmãos ou irmãs que carregavam nos braços. Estavam felizes por terem visto ainda mais uma vez aquela maravilha cotidiana que interrompia com um estampido muito forte a monotonia do dia.

Os mais espertos e corajosos apostavam corrida com o trem; do numeroso grupo inicial sobrava apenas um teimoso qualquer que tentava resistir incitado pela voz do foguista, enquanto o tratante do maquinista aumentava a velocidade do trem. Ao longe, sobre uma pequena colina, avistavam-se as cabanas pobres e escuras, feitas com ramos entrelaçados, onde viviam as famílias daquelas crianças.

Maria Rita voltou a sentar-se retomando o fio das lembranças emotivas que a visão daquelas crianças em festa provocara em seu espírito. Lembrou-se dela e dos irmãos na fazenda do avô Lopes, em Santa Bárbara. As competições naqueles jardins imensos, as corridas a cavalo, a mula de seu amigo Lula, as subidas em árvores como se fossem macaquinhos... Quantos dias felizes! Se mamãe estivesse conosco, poderíamos dizer que era um paraíso.

"Alice!" De repente, os seus pensamentos tornaram-se mais lentos e pararam.

Alice! Que boa mulher! Bonita, com muita classe. Se eu não tivesse tido a mamãe, gostaria de tê-la em seu lugar.

Ela soubera superar com muita doçura aquela desconfiança natural que todos eles sentiram depois que o Doutor Augusto a apresentara como a sua segunda esposa. Além do mais, o nascimento de Terezinha e o seu agarramento com Maria Rita, que era muito maior do que com a própria mãe, serviram de fundamento para uni-las. Assim sendo, Alice era uma madrasta afetuosa, cuidadosa e discreta.

***

"Mariinha, eu preciso falar com você!", ressoou ainda em seus ouvidos aquele convite da tia Madaleninha, que no fundo era uma ordem.

Maria Rita a olhara com desconfiança, mas a tia, baixa e corpulenta, cingira-a com o seu enorme braço e lhe repetira: "Eu preciso falar com você! Vem comigo". E carregou-a em disparada.

"Mariinha, você já está com treze anos, já é uma moça... Você não pode pensar só em brincar e se divertir."

"Mas, tia, eu vou à escola, estudo música, sei bordar... tenho o direito de me divertir...", replicou Maria Rita.

"Você está fazendo apenas o seu dever!", interrompeu-a, peremptoriamente, a tia. "Não está certo uma moça como você ir ao estádio todos os domingos e torcer como fazem os rapazes. Não fica bem para uma moça de boa família divertir-se dessa maneira. Não é só ouvindo música e soltando pipas na praia que você se diverte. Fez isso até hoje, mas agora é preciso que entenda que a vida é uma rosa, com uma única flor e muitos, muitos espinhos. A vida não é o que você pensa! Não! Deve abrir os olhos e divisar as outras facetas para se preparar para viver. Deve conhecer as dificuldades, os sofrimentos, a pobreza, a miséria à sua volta... para que possa agradecer todos os dias ao Senhor a família que tem. E não me diga: não tenho nada a ver com isso! Você não está dispensada de entrar em contato com a realidade em que vivem os seus semelhantes. O seu dever como cristã exige que ajude os seus irmãos."

Maria Rita abaixou a cabeça em silêncio.

"O que devo fazer?", perguntou depois de uma longa reflexão.

"Domingo, em vez de ir ao estádio torcer pelo seu time, você vem comigo."

Adeus, Ypiranga!... Adeus, Popó!...

No domingo de manhã, Madaleninha apresentou-se em sua casa com duas amigas e levou-a consigo. Foram juntas à igreja de Santo Antônio e, depois de terem participado da missa, houve uma reunião: Madalena era a presidente da associação Apostolado do Coração de Jesus. Falou-se muito, embora Maria Rita não tivesse entendido nada, pois acompanhara a tia como um autômato. Desceram no bairro de Tororó, na Baixa dos Sapateiros, e, percorrendo vielas malcheirosas, entraram em velhos edifícios decadentes, em casebres atabalhoados para visitar um doente e levar-lhe um remédio, para dar a uma família pobre alguns trocados, para assistir uma idosa moribunda. Uma realidade que ela nem sequer imaginava que pudesse existir.

Diversas vezes, ao sair daquelas casas, Maria Rita tivera ânsias de vômito e fortes dores de estômago. Havia sido tomada por um profundo desgosto pela vida e por uma melancolia que beirava ao desespero. No entanto, como o cego do Evangelho, tinha a impressão de que, cada vez que entrava naqueles ambientes, uma lasca caía dos seus olhos: às vezes via à sua frente a indigência, o abandono, o sofrimento, as chagas, a fome... Quantas misérias!

Não conseguiu dormir naquela noite: sua alma tinha sido arada, fora invadida para receber uma nova plantação e o semeador tinha passado e semeado o grão...

"Tia Madaleninha, quero vir com você no domingo."

A escolha tinha sido feita.

A partir de então, o vão da escada de sua casa começou a se transformar em um depósito, e a porta se tornara muito conhecida e frequentada pela gente pobre dos arredores.

"Minha filha, lembre-se de que este não é o portão do convento de São Francisco!", recordava-lhe o Doutor Augusto, mais para proteger a mulher e os outros filhos não inclinados a exercitar de tal maneira a caridade do que para recriminá-la. Ele queria dizer simplesmente: faça como eu, ajude a quem você quiser, mas longe de casa. Por outro lado, atendeu às reclamações de Dulcinha, que chamara a sua atenção para o fato de que a imagem da família ficava prejudicada com a presença daquele viveiro de miseráveis. Na realidade, o interesse era dela, que se vestia bem e era uma moça namoradeira. O que estava por trás de tudo isso era o fato de que em casa havia três moças para as quais era preciso encontrar um bom marido.

"Ah! Papai, papai... Quantas coisas eu inventei! No fundo, não era só o Geraldo, você também não queria que eu fizesse esta escolha", pensava a viajante reconhecendo a figura do Doutor Augusto num cantinho das suas lembranças.

Enfim, a associação com a tia Madaleninha estava consolidada; juntas frequentavam as Irmãs Franciscanas do Sagrado Coração de Jesus do convento de Santa Clara do Desterro e, um belo dia, germinou uma ideia: "E se eu me tornasse filha de São Francisco?". Tinha, naquele época, aproximadamente quinze anos de idade.

A tia olhou-a com os olhos iluminados: "Sim, sim, vamos falar com a superiora".

Mas alguns dias depois, com a desculpa de uma dor de dente, a religiosa foi procurar o Doutor Augusto.

"Quando quiser, doutor, o senhor envia a autorização para mim e nós teremos muito prazer em ter uma Lopes Pontes entre nós."

"Quem é que quer entrar para o convento em boa hora, Madaleninha ou Georgina?", perguntara o Doutor Augusto.

A superiora olhara para ele com expressão de surpresa: "O senhor não sabe de nada?".

"Quem?"

"Maria Rita…"

"Maria Rita?", o homem estremeceu. Depois, ao se recuperar da surpresa: "Bem, é melhor que eu tenha uma conversa com ela antes".

Foi assim que toda a família soube que Maria Rita tinha essa intenção, e principalmente os irmãos ficaram muito desapontados.

"E de mais a mais você ainda é muito pequena", concluíra o Doutor Augusto. "Espere mais um pouco, para poder testar a sua vocação. Aliás, você já fala de vocação!"

E assim se passaram dois anos. Maria Rita acreditava que ninguém mais estava preocupado com aquela sua intenção, e ela mesma redigira a requisição para a entrada no convento de Santa Clara do Desterro. No entanto, aquele intrometido do Geraldo descobrira tudo… Enfim, ela tinha compreendido que deveria esperar.

Maria Rita desejava fazer o curso de enfermagem, mas o pai a matriculara na Escola Normal da Bahia: "Com o diploma de professora, vamos ver se ela ainda vai querer ser freira", pensou. Mas em muito pouco tempo ele teve de mudar de opinião: uma manhã pulou da cama, ao ouvir um pequeno ruído e, em seguida, o portão se fechando com uma batida seca. Saiu para a varanda; tudo estava tranquilo. Teve, porém, uma suspeita: entreabriu a porta do quarto onde Maria Rita e Dulcinha dormiam e viu a cama de Mariinha vazia. No dia seguinte, levantou-se cedo e se escondeu. Viu, então, Maria Rita sair, furtiva. Sem ser visto, ele a seguiu e viu quando ela entrou na igreja de Sant'Ana para participar da primeira missa da manhã.

"E eu que acreditava estar fazendo tudo em segredo!", pensou a viajante consternada. Em seguida, quase soltou uma estrepitosa risada, mas se conteve para não chamar a atenção dos outros passageiros, pois poderiam pensar que era louca. De repente, veio-lhe à mente, como num relâmpago, a cara que Dulcinha tinha feito quando também perguntou a Santo Antônio se tinha vocação religiosa.

Lembrou-se de como a irmã a espiava quando, durante o dia, ia até a sala para rezar diante da imagem do santo que pertencera ao avô Manoel. Um dia, Dulcinha a ouvira falar e não mais se conteve; entrou na sala e lhe perguntou o que tanto estava confabulando com Santo Antônio. E Maria Rita, séria, lhe respondera: "Estava perguntando a ele se tenho vocação para me tornar freira".

A irmã havia esfregado os olhos, ficado séria, procurando entender se ela estava gracejando. Depois, olhando para a imagem, perguntara: "E o que foi que ele respondeu?".

Maria Rita, com um movimento da cabeça, dera a entender que o santo havia respondido afirmativamente. Dulcinha tinha olhado para ela duvidosa e, depois, para se certificar, dissera: "Vamos ver o que ele vai responder para mim!".

Aproximara-se da imagem do santo e formulara a sua pergunta, mas, depois de permanecer ali por alguns minutos, não recebera nenhuma resposta. O santo a observava com aquela expressão serena, o Menino parecia evitar o seu olhar, e... Nada!

"Por que ele não me responde?", desabafara a certa altura, contrariada.

"Vê-se que você não sabe fazer a pergunta", respondera irônica, percebendo na expressão de Dulcinha uma grande angústia. E aquilo havia lhe provocado, como agora, um sentimento de serenidade e alegria.

Capítulo 3

A CONGREGAÇÃO DAS IRMÃS MISSIONÁRIAS DA IMACULADA CONCEIÇÃO DA MÃE DE DEUS

O trem partira da Estação de Entre Rios. No vagão em que viajava Maria Rita subiram duas ou três pessoas. A jovem havia notado que um homem, com aparência de velho devido à sua longa barba e os cabelos brancos, agachara-se em um canto no chão e, todo dobrado, apertava contra o peito um embrulho de trapos. De vez em quando, ele olhava para a direita e para a esquerda com os olhos amedrontados.

Logo em seguida, entrou o chefe do trem e, parando diante do homem, pediu-lhe que apresentasse um documento e a passagem. O homem olhou-o com ar de desprezo e balbuciou: "Tenho que ir a Timbó".

"Tem que ir a Timbó? Não me interessa aonde você tem que ir. Vamos, quero ver seu documento e sua passagem."

O velho, depois de olhá-lo longamente, havia dito, implorando: "Eu não tenho!" e, com um fio de voz: "Não tenho dinheiro".

"Não tem? Você não tem dinheiro? Então, desce!"

"Tenho que ir a Timbó", suplicou o velho.

"Então vai em pé", e começou a maltratá-lo e dirigir-lhe palavras ofensivas, as quais as mais leves eram "parasita e vagabundo".

Maria Rita, que assistira à cena, levantou-se, aproximou-se e disse ao chefe do trem: "Quanto custa a passagem?".

O homem olhou-a com desprezo: "Fique sentada, moça! Isto não é da sua conta!".

"É da minha conta sim", rebateu Maria Rita delicadamente, mas com decisão. "Ele é meu irmão. Me dê, por favor, uma passagem para Timbó!"

O chefe do trem olhou-a com um misto de desdém e ironia: "Este mendigo, seu irmão?!".

"Sim, exatamente este mendigo", respondeu a moça secamente.

O homem, encolerizado, emitiu a passagem, fazendo com que ela pagasse o dobro. Dessa maneira, os poucos trocados que levava consigo mal deram para o pagamento.

"Agora, vovô, acomode-se bem no banco. Tome a passagem para Timbó", e acariciou-lhe a cabeça.

O velho olhou para a moça, sem conseguir dizer nem "obrigado", mas uma lágrima rolou pelo seu rosto, perdendo-se na barba branca. Tentou segurar-lhe a mão para beijá-la, mas a moça retirou-a rapidamente e voltou para o lugar em que estava antes. Tirou da bolsa o farnel que tinha sido preparado para o seu almoço e levou-o para ele.

"Minha filha, você não é uma moça, mas sim um anjo do Senhor. Que ele a abençoe e guie os seus passos!"

Enquanto voltava para o seu lugar, Maria Rita pôde ver as expressões e ouvir os comentários dos outros passageiros do vagão. Alguns demonstravam surpresa, outros admiração e, alguns poucos intolerantes, desgosto. Para ela, no entanto, tudo tinha sido muito natural: agira "como qualquer cristão deveria agir", teria dito tia Madaleninha. Na realidade, estava profundamente imbuída do ideal franciscano, para o qual se tinha voltado desde os dezesseis anos quando, sob a orientação de seu confessor, ingressara na Ordem Terceira da Penitência de São Francisco de Assis. A espiritualidade genuinamente franciscana havia encontrado nela um terreno fértil, cultivado pela tia e pelo exemplo do pai.

Maria Rita sentou-se e ajeitou a saia marrom da Ordem Terceira que vinha usando já há algum tempo; pôs-se a observar novamente através da janela. Um denso bosque cerrava o horizonte. A luz do meio-dia parecia colocar em evidência a cor amarelo-ouro das palmeiras que de vez em quando se tornava prateada, contrastando com todos os tons de verde que a floresta exibia. Entretanto, viu-se atraída pelo céu, que se transformava num azul intenso como jamais tinha visto em Salvador. Assim sendo, as poucas nuvenzinhas exibiam um branco luminoso. E seu olhar se perdeu, arrastando o pensamento para longe… para aquela manhã na igreja de Nossa Senhora do Desterro. Ela tinha ido lá para participar da missa com a tia Madaleninha. A nave era sulcada por intensas faixas de luz que entravam pelas janelas, criando um forte jogo de luzes e sombras.

Naquela manhã tivera uma estranha sensação, como se esperasse por alguém; por isso, virava-se para trás a todo momento e olhava para a entrada, detendo-se para observar a transformação das pessoas que passavam por aquelas faixas de luz. Faltava ainda um pouco para iniciar a cerimônia, e ela teve o pressentimento de que alguém estava chegando. Permaneceu voltada para trás. "Oh, Senhor, um anjo!", exultou. Uma pessoa havia passado pela faixa de luz e o seu hábito branco cintilara, além do escapulário celeste que se acendera, tornando-se intenso como aquele céu que ela tinha visto hoje diante dos olhos. Sentiu uma emoção profunda. Compreendeu qual teria sido o estupor que Santa Bernadete experimentara quando a Virgem Maria apareceu-lhe em Lourdes, na França.

Aquela pessoa era uma freira. Maria Rita seguiu-a com o olhar até que ela se sentasse. Foi como amor à primeira vista... Apaixonou-se e no íntimo de seu coração disse: "Quero entrar para aquela congregação!".

Lembrou-se de que no final da missa foi falar diretamente com aquela freira, a querida Madre Rosa, que, a partir daquele momento, se tornou um ponto de referência para ela. Quando estava em Salvador, Maria Rita ia encontrar-se com ela para ouvi-la contar a história daquela jovem Congregação das Irmãs Missionárias da Imaculada Conceição da Mãe de Deus, fundada em 1910, em Santarém, no Pará. Dom Amando Bahlmann (1862-1938), dos Frades Menores Franciscanos, tinha idealizado essa fundação para ajudar as populações do norte da Amazônia, dedicando-se, em particular, à educação dos jovens. Ao ouvi-la, sentia-se como Maria, a irmã de Lázaro, aos pés do Senhor a ouvir e a sonhar. Queria saber do fundador, um alemão filho de São Francisco cheio de zelo apostólico, que ainda estava vivo.

Como ficou comovida quando Madre Rosa lhe falou da cura da cofundadora da congregação na gruta de Lourdes (França), da sua fé e da força que tivera para dirigir a congregação do seu leito de dor, distante, nos Estados Unidos, para onde havia viajado com Dom Amando à procura de auxílio para a congregação. Durante a viagem, levou um sério tombo que a deixou paralítica e a obrigou a permanecer num leito de dor durante dezesseis anos. Sob sua direção, a congregação cresceu e se difundiu em várias partes do mundo, com a abertura de um noviciado na Alemanha, a fundação de casas nos Estados Unidos, na China, no Norte e Nordeste do Brasil.

Maria Rita repassava, agora, aquelas histórias, como se quisesse decorá-las e repeti-las na escola. A fantasia a ajudava a imaginar as linhas dos rostos, em particular daquela que, de simples professora, com todos os tipos de desventura física, tinha sido agraciada pela Virgem Imaculada e tornara-se a fundadora. Ela a via ditando cartas, rodeada pelas coirmãs freiras; via o seu interesse por tudo quanto acontecia em todas as partes do mundo onde aquele fermento tinha se espalhado, incitando à vida espiritual com a doação de si mesma. Sentia-se inebriada por tudo aquilo, como imaginava que os frades também o fossem estando em contato com Francisco.

"Ah! Papai, papai! Como você pôde pensar que eu mudaria de ideia?" Em sua mente relampejou o episódio ocorrido uma semana antes de receber o diploma de professora primária, em dezembro de 1932, quando o Doutor Augusto a chamara para irem juntos ao centro da cidade a fim de escolher o anel de formatura.

Maria Rita, com a cabeça baixa, temerosa de ofender o pai, havia lhe dito: "Papai, não quero nada. Só peço que me abençoe para que eu possa me tornar freira". Em seguida, olhara de relance para ver o efeito de tudo aquilo que as palavras não podiam expressar.

Aquela remota esperança que o Doutor Augusto tinha alimentado desvaneceu-se em um único instante. Os seus olhos encheram-se de lágrimas e, abraçando a filha, sussurrou em seu ouvido: "Sim, Mariinha, segue o teu caminho, porque se vê que essa é a vontade do Senhor".

E, no dia da formatura, não houve nem anel nem festa, mas a expectativa vivida pela família com dois sentimentos contraditórios: de alegria, por Maria Rita, e de melancolia por parte de todos os outros, pois no dia seguinte começariam os preparativos para a partida, concretizada naquela manhã.

Capítulo 4

O CONVENTO DO CARMO

O trem recomeçou a apitar com insistência, sinal de que se aproximava de uma outra estação. Já há algum tempo, iluminada pela luz de cor alaranjada que antecede o crepúsculo, se avistava, estendida sobre uma colina, a cidade de São Cristóvão, antiga capital de Sergipe.

O trem circundou a elevação dirigindo-se para o lado norte, onde ficava a estação, constituída somente por uma pequena casa com um largo alpendre.

Maria Rita, que já tinha preparado as bagagens, desceu. Finalmente! Depois de mais de doze horas, o chão ondulava sob seus pés, pois se acostumara ao movimento regular do trem. O monstro de ferro, com um forte rumor de ferragens em movimento, afastou-se como se tivesse pressa em concluir a sua corrida.

A moça olhou a seu redor, depois fixou, ao sul, a colina em cima da qual despontavam as duas torres do campanário da matriz. A cidade tinha se tornado, agora, uma moldura escura contra a luz. A explosão de cores, que o crepúsculo provocava naquele momento, impressionou-a muito.

Depois de ter pedido informações ao funcionário da estação, dirigiu-se ao velho convento do Carmo. Não se podia enganar: devia subir a elevação e costear o grande convento de São Francisco.

O trajeto em aclive com a mala era difícil; entretanto, servia para desentorpecê-la depois de todas aquelas horas de imobilidade forçada. No final do percurso, chegou a uma imensa praça quadrada com um lado inteiramente ocupado pelo convento franciscano. O branco da fachada da igreja e do convento, delimitado por laterais na cor amarela, parecia cheio de fogo, refletindo diretamente os raios do Sol naquela hora do crepúsculo. Uma alta cruz branca, fincada sobre um pedestal arredondado, marcava o centro daquele espaço.

Cada ângulo daquela praça refletia o estilo colonial barroco sóbrio, essencial em suas linhas, já que era fundamentalmente pobre.

Maria Rita chegou diante do portão do Carmo e tocou a campainha. A porta se abriu... O acolhimento da superiora, Irmã Joana, expressou a grande fraternidade. Maria Rita conheceu Almira Tanure, Noêmia Campos, Adalice Benevides, Fernandina Costa Lima, e as duas irmãs Alencar Neves – as outras postulantes, companheiras do percurso de formação.

Depois de ter sido apresentada a todas as freiras, Irmã Joana confiou-a aos cuidados da mestra das postulantes, Irmã Prudência, que a acompanhou até o quarto e se ofereceu para ajudá-la a desfazer as malas.

"Não se incomode, madre. Diga-me apenas em que parte do armário posso colocar as minhas coisas. Posso fazer tudo sozinha", dissera Maria Rita.

"Não se preocupe, filha, aqui devemos ajudar umas às outras."

A moça, levando em consideração a decisão da irmã, não mais insistiu, começando a retirar os pertences da mala muito lentamente, quase com circunspecção.

"O que é isso?", perguntou a irmã de repente.

Debaixo do enxoval, bem escondida, estava "Celica", a amiga inseparável de Maria Rita.

Irmã Prudência retirou-a da mala divertindo-se: "Que boneca bonita!", dizia, enquanto, rodando-a várias vezes entre as mãos, fingia observá-la, embora sua atenção estivesse, na realidade, voltada para as reações da jovem aspirante.

"É apenas uma boneca de celuloide", justificou-se Maria Rita.

"Mas é bonita! De bom gosto e, além do mais, querida, enfrentou muitas horas de viagem e atravessou os muros de um convento", continuava a irmã de modo sombrio.

A moça compreendeu imediatamente para onde o discurso estava indo e abaixou a cabeça, envergonhando-se um pouco e não ousando levantar os olhos.

A irmã mestra colocou a mão debaixo do seu queixo e, levantando-lhe o rosto, disse: "Você teve coragem de separar-se de todos... do seu pai, dos seus irmãos, das tias, mas não de deixar esta boneca?".

A moça balançou a cabeça, enquanto os seus olhos encheram-se de lágrimas.

Irmã Prudência compreendeu que era um objeto muito importante, sentou-se aos pés da cama e lhe perguntou: "O que existe de tão especial nesta boneca? Terá sido um presente da sua mamãe?".

Maria Rita sacudiu a cabeça para dizer que não, enxugando, ao mesmo tempo, as lágrimas e, depois, sorrindo: "Eu a ganhei!". E começou a contar que aos quatro anos ela tinha se recusado a tomar o óleo de rícino que lhe ministravam;

então, a avó paterna, Maria Madalena, prometera-lhe que, se ela tomasse tudo sem fazer beicinho, lhe daria uma boneca de presente. "Desde essa época ela sempre ficou junto de mim", concluiu.

A madre mestra se divertiu muito com a narração, mas lhe disse em tom sério: "Agora, você vai me dar a boneca e eu vou guardá-la comigo, dentro do meu armário".

Maria Rita olhou-a desconsolada, certa de que nunca mais veria Celica. Ao contrário, Irmã Prudência, dotada de muito bom senso, levou-a até Maria Rita no domingo, na hora de recreação, e deixou que ela brincasse com a boneca. O mesmo aconteceu durante todos os domingos naqueles seis meses de postulado (primeira etapa de formação à vida religiosa).

A moça, por aquela natural simplicidade e espírito de partilha que possuía, fazia questão que todas as companheiras do postulado participassem da brincadeira com a boneca; tanto que, quando era chegada a hora do passeio, a "mamãe de turno" colocava Celica num carrinho improvisado, cheio de folhas e com um espaldar em forma de leque, feito com folhas de palmeira, e todas juntas rodavam pelas vielas do jardim, repleto de coqueiros, bananeiras e árvores de grande porte. Parecia o passeio de uma nobre com as suas damas de companhia. Da grande mangueira descia também uma pequena família de macaquinhos que assistia ao estranho espetáculo. Os macaquinhos não deixavam nunca de fazer uma visitinha à gruta de Nossa Senhora de Lourdes, reconstruída no fundo do jardim para relembrar o milagre concedido pela Virgem à madre fundadora.

Afora essa hora de recreação dominical, a vida no convento era dura e austera. Acordar muito cedo pela manhã;

longas horas de oração e meditação; tarefas e funções para executar; refeições frugais e essenciais... Maria Rita havia ingressado no coro do convento, pois tinha uma bela voz, conhecia música e sabia tocar a harmônica, apesar de sofrer, frequentemente, de dor de garganta. Essas suas habilidades não lhe concederam nenhum privilégio, e ela mesma nunca se recusou a aceitar tarefas que lhe exigissem esforço. Com grande confiança, deixou-se moldar pela mestra naquele tempo de oração e preparação. A alegria e a dedicação diárias faziam com que, aos olhos das freiras, ela fosse vista como uma pessoa serena e feliz, embora algumas vezes ficasse oprimida pela saudade de casa e fosse desabafar na igreja, diante do grande crucifixo ou do altar de Nossa Senhora.

Irmã Prudência tinha uma preocupação: imergi-la no espírito da congregação. A observância estrita era correspondida com muita alegria, união e paz, e ao rigor unia-se uma grande compreensão. Tudo isso fazia com que elas se convencessem de que estavam vivendo um momento especial, já que podiam escrever e receber instruções, por escrito, diretamente da madre fundadora, embora ela se encontrasse nos Estados Unidos e estivesse completamente paralisada.

Nessa atmosfera impregnada de austeridade e ascese, não faltavam, entretanto, episódios engraçados e embaraçosos: era o cotidiano que irrompia para colocar à prova, para solicitar o espírito de adaptação e, principalmente, para fazer com que a aprendizagem fosse bem-sucedida.

Maria Rita vinha de uma família com uma boa situação econômica e, até então, havia pensado em estudar; por mais que se tivesse dedicado à caridade e ao amor ao próximo por muitos anos, não fora habituada aos afazeres domésticos. No entanto, agora no convento cada uma delas estava encarregada de limpar um departamento, todos os dias, logo depois da missa matinal e antes que se iniciassem as funções diárias. As quintas-feiras eram reservadas para a faxina: era preciso varrer e lavar o chão, naturalmente procurando manter o hábito branco o mais limpo possível.

Apesar de toda a sua boa vontade, era inexperiente e desajeitada, a ponto de chegar ao final da limpeza com o hábito todo molhado, respingado e sujo. Embora fosse exigido silêncio absoluto, algumas vezes as companheiras não conseguiam conter o riso, chamando, assim, a atenção da madre mestra.

Numa quinta-feira coubera a ela lavar o chão da galeria do claustro, onde se encontrava a entrada da igreja. O cuidado em lavar e encerar bem os três degraus que davam na igreja fizeram com que ela aumentasse o ritmo da lavagem. No final, Irmã Prudência a tinha encontrado tão desarrumada, que a intimara: "Agora vá se apresentar à madre superiora em seu escritório para que ela veja a que você ficou reduzida!".

Maria Rita obedeceu e, humildemente, com a cabeça baixa, escutou as palavras maternais de Irmã Joana: "Você tem que prestar mais atenção ao fazer as coisas, porque o convento é pobre, não podemos estragar tudo quanto nos foi dado, como, por exemplo, as vestes. Não podemos desperdiçar a água que, com dificuldade, é apanhada na cisterna para as necessidades de todos. Não há necessidade de fazer com pressa aquilo que nos foi designado, pois isso é ofensivo às outras..." e assim por diante. A inflexão alemã dava à repreensão um ritmo monótono e um não sei quê de marcial.

A jovem postulante, daquela vez, prometeu a si mesma que nunca mais faria qualquer coisa que merecesse a advertência da madre superiora. Não se sentiu ferida, ou melhor, encarou aquilo como uma lição, um estímulo para aprender ou melhorar em tudo o que não sabia fazer.

Sentia-se como uma menina, porque "quando chegamos ao convento, nascemos outra vez para viver somente para Jesus", escreverá anos depois.

Capítulo 5

O NOVICIADO E A EMISSÃO DOS VOTOS

O mês de agosto daquele ano começou caracterizado por uma ânsia muito particular que parecia estremecer o pacato, quase monótono, ritmo de vida do convento. O ânimo das irmãs e das postulantes se excitava e, cada gesto, cada palavra, eram em função de duas datas: o dia 13 e o dia 15 de agosto! A expectativa estava para ser concretizada, a meta para ser atingida, o objetivo para ser alcançado.

As irmãs tinham seguido dia após dia a germinação daquelas novas plantinhas e vibravam pelo momento de transplantá-las para enriquecer a congregação. As postulantes, por outro lado, viam com temor e alegria a aproximação do seu ingresso no noviciado. O período de prova chegava ao fim e, como nova linfa vital, começariam a fazer parte da família religiosa.

Assim sendo, somavam-se às ocupações cotidianas as tarefas de preparação, que absorviam completamente também as poucas horas de recreação: quem devia preparar os cantos, quem devia costurar os hábitos e as toucas, quem devia providenciar a decoração para a igreja e para a casa, quem devia preparar, na cozinha, docinhos e alguns pratos especiais...

Todo essa movimentação alcançou seu clímax um dia antes da chegada dos parentes. Coitados!, não que eles perturbassem, mas vinham para agitar ainda mais a vida no convento. Para cada postulante que iria entrar em noviciado, tinham vindo um ou dois parentes. Era preciso estar junto deles por alguns momentos, só que com o pensamento longe. Por outro lado, como não estavam habituados à vida de um convento, quando eram levados a visitar os ambientes, falavam em voz alta, entravam cheios de curiosidade em todos os lugares, faziam perguntas a cada uma das freiras que encontravam pelo caminho... Enfim, elas ficavam constantemente embaraçadas.

Maria Rita ficou felicíssima em rever o pai depois de tantos meses, mas, como todas as suas colegas, vivia num estado de ânimo tal que teria preferido que a visita acontecesse num período menos tumultuado.

O Doutor Augusto, quando percebia que era melhor afastar-se para não incomodar, saía do convento. Imediatamente do lado de fora do portão, achava-se numa pracinha da qual podia admirar aquele grande conjunto no seu lado externo. Lado a lado, encontravam-se o pequeno e o grande Carmelo: dois conventos com as respectivas igrejas dedicadas a Nossa Senhora do Carmo, que pareciam o filho maior e o mais novo. A Ordem dos Padres Carmelitas, que construiu os dois conventos, cedeu o maior à jovem Congregação das Irmãs Missionárias da Imaculada Conceição da Mãe de Deus. As linhas clássicas e austeras das fachadas eram movimentadas pelas volutas sinuosas dos frontões e dos intradorsos das janelas. A elegância que aquela simplicidade emanava na época da construção significava apenas pobreza. Na realidade, a moda dominante do Barroco colocava em evidência aquelas fachadas singelas, modestas, desprovidas de qualquer ostentação. Percorrendo, em seguida, um breve trecho, ele ficava diante da matriz. Ali as duas torres do campanário já faziam sentir a diferença.

Chegou, finalmente, o dia tão esperado. O claustro era um vaivém, um farfalhar veloz de vestes, um tagarelar excitado. Tudo devia estar pronto nos mínimos detalhes. A igreja estava repleta de flores. As pessoas ocupavam mais da metade da nave, onde um simples degrau fazia a divisão com a parte na qual deveriam sentar-se as irmãs, dispostas por ordem hierárquica: na frente as postulantes, na segunda fila as noviças e nas sucessivas as professas, de acordo com o tempo de profissão religiosa. O arco triunfal e um outro degrau delimitavam o presbitério.

O canto de entrada entoado pelo coro encheu a igreja de emoção. Frei João Baptista, o confessor e pai espiritual do convento, subiu ao altar e introduziu a oração. Assim fazendo, a Irmã Rosa, que era a provincial, colocou-se no centro do presbitério e, chamando as postulantes, uma por uma, procedeu à consagração religiosa.

Aquele hábito branco que tinha sido a cruz e a delícia de Maria Rita era substituído por uma veste negra com o mantelete, também este interrompido somente por um colete branco. O véu negro era bordado e sustentado por uma tiara branca. Aquelas cândidas pombas transformavam-se, assim, em toutinegras.

Aquele dia constituía o prelúdio de um outro ainda mais solene: 15 de agosto. Naquele ano (1933), acontecia uma feliz coincidência: a solenidade da Assunção era enriquecida pelo 25º aniversário da cura na gruta de Lourdes da madre fundadora, Maria Imaculada de Jesus. Assim sendo, tornava--se memorável a entrada das novas irmãs para o noviciado.

No momento do canto solene, frei João Baptista e frei Vicente subiram ao altar revestidos dos paramentos mais bonitos. O branco e o azul dos hábitos das irmãs era um ponto de luz no centro da igreja. Em seguida, por um momento, tudo pareceu imobilizar-se: fez-se um grande silêncio. As candidatas ao noviciado entraram vestidas de noiva. O véu branco caía sobre os seus rostos e cada uma delas carregava, com as mãos postas, uma vela acesa. O cortejo era encerrado pelas Irmãs Rosa e Joana. A comoção foi grande: os parentes e todos os convidados não conseguiam esconder as lágrimas.

O celebrante introduziu as orações iniciais... Então, Irmã Rosa, após ter feito as perguntas rituais para que fosse expressa, publicamente, a vontade das candidatas de emitir a profissão religiosa, chamou-as uma por uma.

"Tu, Maria Rita, de hoje em diante não mais te chamarás Maria Rita, mas Irmã Dulce."

Na cabeça, no coração, no mais íntimo da jovem aquilo explodiu como o estrondo de um trovão, e um eco repetiu até o infinito: "Irmã Dulce... Dulce... Dulce...".

O Doutor Augusto não conseguiu conter as lágrimas: depois de doze anos, o nome da querida esposa, falecida tão prematuramente, era revivido na filha, e seu coração ficou eternamente grato à delicadeza que as superioras haviam demonstrado. Ele mandara fundir a aliança de casamento da esposa falecida para transformá-la no anel de profissão religiosa da filha.

Em seguida, Irmã Rosa leu a carta que tinha sido enviada a todas elas pela Madre Maria Imaculada de Jesus, a fundadora. E Dulce ficou particularmente impressionada por estas expressões: "Que a humildade (da Mãe celeste) reine nos seus corações, que a sua pureza resplandeça em vocês, que a sua simplicidade e retidão sejam um estímulo à perfeição em cada ato. Sigam como verdadeiras e fiéis filhas de Maria. Que o seu pensamento, o seu falar, os desejos e as ações sejam todos conforme o espírito da amada Mãe do Céu".

Iniciava-se, assim, o segundo momento da formação. Irmã Dulce era a única formada do grupo de noviças, mas isso não lhe era motivo de orgulho ou vaidade; ao contrário, nunca pediu para ser dispensada das aulas nem de Cultura Geral nem de Português. Preocupava-se em dar bom exemplo às companheiras e em não ser repreendida, não por altivez, mas porque a graça estava realizando nela o seu trabalho, e a observância minuciosa das regras era um ato de amor em direção ao Senhor.

Aprendera, finalmente, que ao primeiro toque do sino deveria interromper imediatamente o que estava fazendo e apressar-se, pois ao segundo toque já deveria estar dentro da igreja para, juntamente com as outras, iniciar a oração ou a meditação. Apesar desse escrúpulo, quando chegava o momento do capítulo das culpas, ela ajoelhava-se no centro da sala e pedia perdão, pois, mesmo tendo agido com diligência, ainda assim dizia que em seu ânimo havia sentido preguiça.

Agora, como noviça, não dormia mais no quarto, mas num ambiente grande no primeiro andar, subdividido por tabiques de madeira, de modo a ter uma espécie de pequeno quarto com a cama, uma mesinha e prateleiras que serviam de armário. Nas horas dedicadas ao estudo, Irmã Dulce levantava-se, de vez em quando, e ia até a janela. Dali, além do bananal do convento, via-se um pequeno lago rodeado por míseras cabanas de madeira com os telhados de ramos de palmeira secos. Ouvindo as crianças gritarem, rirem ou chorarem, ela percebia, mesmo na alegria, a sua miséria, mas não podia fazer nada: tinha a impressão de viver em um outro mundo.

"Madre, podemos sair para ensinar catecismo às crianças que vivem nas redondezas, para visitar algum doente?...", pedira à Irmã Prudência, que as seguira também como mestra do noviciado.

"Não, Irmã Dulce, só as irmãs podem fazê-lo, não as noviças que ainda estão em formação. Vocês também podem ajudar aquelas pessoas e as nossas irmãs que fazem o apostolado entre elas por intermédio da oração. A prece é um canal poderoso...", fora a resposta daquela santa mulher.

Essa resposta ficou gravada na alma da jovem que começou a viver profundamente aquela experiência, chegando ao ponto de repetir frequentemente, para quem estivesse a seu lado: "A oração é o alimento da nossa alma. Não podemos viver sem rezar".

Ao zelo e à observância, unia-se o fervor da oração, e o tempo transcorria como num estádio, onde cada um dos atletas deseja rivalizar um ídolo seu e procura superar os seus companheiros. O objetivo era se tornar dignamente uma "esposa de Cristo".

O que a mantinha com os pés na terra eram as contínuas cartas que recebia da tia Madalena e da irmã Dulcinha. Esta procurava uma "calmaria" sentimental, mas não tinha encontrado a sua estabilidade. A desilusão provocada pelo abandono do seu último namorado fazia com que ela sofresse.

Irmã Dulce preocupava-se, então, em envolvê-la naquela paz que ela, por sua vez, havia encontrado.

Um domingo, quando lhe era permitido escrever para os parentes, retirou-se para o seu quarto e leu a última carta recebida de tia Madaleninha. Depois, ficou olhando distraída para a natureza através da janela. Enquanto o cérebro agitava-se, tomou uma folha de papel e escreveu:

São Cristóvão, 26 de novembro de 1933

Minha querida irmãzinha Dulcinha,
que o Menino Jesus te proteja e faça com que você ame somente a ele!
Recebi com muita alegria a carta da tia Nininha me dando notícias suas. Fico contente ao recebê-las, principalmente quando são boas.
Aqui, como sempre, a minha felicidade cresce cada vez mais. É tão bom amar a Deus e ser amada por ele!
Posso imaginar como você se sente agora, sem pé nem cabeça, como se diz... Mas, Dulcinha, você já está com dezessete anos e deve pensar sobre o que quer fazer... Na minha opinião, acho que deve aprender a bordar à máquina com Alice, estudar mais Português e, depois... vir aqui me encontrar... O que acha? Espero que Deus lhe dê a luz necessária para compreender a falsidade, a vaidade e a inconstância do amor humano. Você era tão feliz com o Alvinho e, agora, tudo acabou. Veja como não existe sinceridade! No entanto, quando se ama a Jesus e se entrega a alma e o amor somente a ele, deixando tudo por ele, quanta ternura, amor, constância ele tem por nós! E ele nos deixa somente quando, depois de ter lutado por muito tempo para obter o nosso amor, não o obtém.
Você se lembra bem como aconteceu comigo... Entre os quinze e os dezesseis anos, tinha quase vencido. Depois, nada mais. Mas Jesus não se esqueceu de mim. Eu me escondi para ele e, agora, estou aqui, feliz como nunca, vivendo uma vida santa: a vida que devemos viver!

Santa Margarida Maria tentou ser freira várias vezes, mas depois se arrefecia. Até que um dia decidiu e acabou até se tornando santa.

Dulcinha, você deve se convencer de que a vida é breve e, se estamos aqui, é para fazer algo que nos possa salvar. Por que não aproveitarmos o tempo e procurarmos uma vida de amor a Deus, buscando cancelar os erros que cometemos quando ainda não o amávamos? Tenha fé, reze muito ao Espírito Santo, para que ele te ilumine e mostre o caminho que você deve seguir.

Quem sabe no mês de agosto próximo você vem para assistir à minha profissão e, se Deus quiser, ficar aqui comigo! Como ficaria contente! Desejo somente o bem para a sua alma.

Adeus, minha irmãzinha. Desejo a você um Feliz Natal.

Um abraço da irmã que a espera em agosto.

Irmã Dulce

O mês de agosto de 1934 aproximara-se e, no entanto, somente o Doutor Augusto anunciara a sua presença. E assim foi. A esperança de Irmã Dulce em ter a irmã junto a si permanecia frustrada: paciência, a graça tem os seus próprios caminhos, dizia.

No dia 15 de agosto repetiu-se o fervor dos preparativos. Dessa vez, porém, não havia a excitação do ano anterior: a ânsia, se bem que existisse, era menor. No ânimo daquelas jovens existia somente o temor: temor de ainda não estarem prontas, temor de ainda não serem dignas de dar aquele passo importante, que era a profissão religiosa com a emissão temporária dos votos de pobreza, castidade e obediência. Mais uma vez eram as irmãs mais velhas que lhes infundiam a coragem com o seu sorriso, com a sua serenidade, com a sua alegria virginal que, cada instante, parecia repetir: você está para se tornar a esposa do Senhor, tenha fé e verá que será ele, assim como um bailarino experiente, que a conduzirá no grande baile da vida, mesmo que não saiba dançar.

Também dessa vez, na igreja inacreditavelmente lotada, fez-se silêncio assim que o coro terminou o canto de ingresso e Frei João Baptista subiu ao altar e virou-se para a assembleia.

O grande crucifixo, suspenso sobre a parede do presbitério, parecia contente: de Homem das dores havia se transformado em Esposo.

A mestra das noviças, Irmã Prudência, foi a primeira a entrar pela porta da clausura e, atrás dela, as noviças carregando nas mãos uma vela acesa e uma coroa de espinhos sobre a cabeça, segundo o costume da época, simbolizando que elas ofereciam a sua vida pela salvação do mundo, como o fez Jesus. Como sempre, o cortejo era encerrado pela superiora Irmã Joana e a provincial Irmã Rosa.

Uma vez que chegaram a seus lugares, o sacerdote iniciou a oração. Em seguida, proferiu uma homilia sobre a parábola evangélica das virgens tolas e das virgens prudentes. Explicou como no coração da noite, tanto naquele tempo como agora, teria chegado o Esposo e que elas, se quisessem realmente se tornar esposas de Cristo, deveriam fazer com que ele as encontrasse com a lâmpada de suas almas acesa.

Em seguida, foi a vez de Irmã Rosa, que leu uma carta comovente da madre fundadora: uma verdadeira injeção de coragem e entusiasmo.

Aceleraram-se as batidas do coração no peito daquelas jovens "esposas", pois era chegado o momento de pronunciar, uma por uma, todas as promessas às quais se vinculavam, temporariamente, por três anos. Só depois desse período acontece a profissão solene ou perpétua.

À medida que cada uma pronunciava a promessa, era circundada por Irmã Prudência e por Irmã Joana, que se incumbiam de retirar o seu hábito de noviça, enquanto Irmã Rosa, assistida por outras duas freiras, fazia com que elas vestissem o hábito branco com o escapulário celeste e, então, cingia-lhes o pescoço com a medalha que trazia a imagem de Nossa Senhora.

O sonho iniciado naquele dia longínquo por Maria Rita na igreja de Nossa Senhora do Desterro tinha se tornado realidade: agora era Irmã Dulce, com aquele hábito celestial que a envolvera na faixa de luz.

Após ter sido emitida a profissão religiosa, realizou-se a celebração eucarística na qual as "jovens esposas" receberam em seus corações o Esposo Divino. Assim sendo, iniciou-se a emocionante espera para conhecerem suas destinações.

Irmã Rosa retornou ao centro do presbitério, pigarreou e, abrindo uma folha que até então mantivera no bolso, leu: "Irmã Dulce, Sanatório Espanhol, em Salvador da Bahia. Irmã Clemência... Irmã Maria das Neves... Irmã... Irmã...".

Irmã Dulce não entendeu mais nada, era como se a voz da provincial viesse de longe, de muito longe. Estava surpresa, maravilhada, zonza. Como era possível?

Na realidade, era habitual que a congregação nunca mandasse as jovens irmãs para os seus estados de origem.

O Doutor Augusto, também ele maravilhado, acreditava não ter ouvido bem e, assim que a cerimônia terminou, aproximou-se de Irmã Rosa e lhe perguntou: "Irmã, me desculpe, mas para onde é que minha filha foi destinada?".

"Para Salvador", fora a resposta da irmã. "O doutor não está contente?"

Os dois, olhando um para o outro, começaram a rir.

Mais alguns dias no convento do Carmo para falar com as superioras, preparar as bagagens e, depois, como abelhas laboriosas, seriam enviadas em missão.

Irmã Dulce tinha sido chamada ao escritório da superiora. Irmã Joana fora pródiga de conselhos e advertências e, depois, a encaminhou à mestra, Irmã Prudência.

A alma da jovem irmã era um livro aberto para a mestra, portanto as palavras não foram necessárias. Irmã Prudência abraçou-a, e assim ficaram por muito tempo. Ela disse apenas: "Minha filha... não, minha irmã, entregue-se sempre à Divina Providência e coloque-se nas mãos do Senhor, como fez até agora".

Irmã Dulce fitou-a com os olhos cheios de lágrimas; um nó na garganta não lhe permitiu pronunciar nenhuma palavra, então movimentou apenas a mão, esboçando um sorriso. Estava atravessando a porta, quando a Irmã Prudência chamou-a outra vez, pois tinha se lembrado de alguma coisa. Abriu o armário, pegou Celica e, fazendo uma voz sombria, disse: "Lembre-se de que você não é a esposa de Jesus Menino, mas de Jesus Crucificado! Agora que está voltando para Salvador, aproveite para dar esta boneca de presente às tuas tias!".

"Adeus, Celica... Adeus sonhos da minha infância..."

Capítulo 6

DE VOLTA À BAHIA

Eram os primeiros dias do mês de setembro de 1934, quando o trem apitador que havia levado a moça para Sergipe a reconduzia à Bahia como irmã.

Já dentro do trem percebeu que o mundo deixado um ano e meio atrás mudara rapidamente.

O impacto maior foi quando desceu na estação de Calçada na Cidade Baixa de salvador: num momento, o clima do convento de São Cristóvão pareceu-lhe como uma infância dourada, enfim afastada e perdida para sempre.

Ela se encontrava no meio da trepidante campanha para a participação feminina na vida pública, que levaria dali a pouco ao direito de voto secreto também para as mulheres.

No entanto, o que era impressionante dizia respeito ao quadro de miséria: não havia um ângulo da estação onde não se visse alguém agachado, deitado ou em pé, com a mão estendida a pedir esmola.

Quando a viram descer do trem vestida de freira, formou-se uma multidão a seu redor. Seu coração, por sua vez, se constrangeu, mesmo porque ela não tinha nada para dar. Ainda bem que o pai e os irmãos a salvaram rapidamente daquele embaraço.

Eram todas pobres criaturas do interior do estado da Bahia. A população de Salvador, na realidade, tinha crescido desmesuradamente devido a uma seca implacável que assolava o Nordeste e também por causa daquela crise econômica que havia já quase vinte anos sacrificara, pouco a pouco, justamente as exportações de cacau, café, açúcar, tabaco, que, numa determinada época, tinham sido a riqueza daquelas terras.

A crise dos mercados, iniciada com o primeiro conflito mundial, tornara-se crônica, e as pessoas fugiam dos campos imaginando que viveriam melhor na cidade. Os canteiros abertos para a construção das grandes obras urbanas davam, certamente, a ilusão de infinitas possibilidades de trabalho: o que podia ser verdade para alguns, mas não para todos.

E o que dizer do problema habitacional? O número de imóveis não era suficiente, mas, principalmente, os aluguéis eram altíssimos e, por isso, inacessíveis até mesmo para aqueles que tinham trabalho. O material de construção tinha ficado tão caro que nem mesmo os pedreiros conseguiam construir uma modesta casa de tijolos para as suas famílias. Dessa forma, formaram-se bairros inteiros de barracas construídas com os mais variados tipos de material.

A esse panorama de pobreza e precariedade, somava-se, dia após dia, a grande massa de pessoas que não possuíam nem mesmo um trabalho; e a arte do "dar um jeitinho" estava na ordem do dia. Assistia-se ao impasse contínuo da miséria com a fome, da indigência com as doenças.

Os hospitais públicos não estavam absolutamente em condições de enfrentar a situação, contando apenas com uma assistência mínima para atender ao número de pessoas necessitadas de socorro: sendo assim, a desnutrição, a tuberculose, o tifo, a cólera, o beribéri e a "gripe espanhola" eram os parentes mais próximos.

A estação de Calçada, naquela época, fervilhava de gente que ali encontrava refúgio e, com qualquer furto, também um meio de sobrevivência. E todos ao redor formavam enormes bolsões de miséria. Enfim, parecia um terminal de desventurados que, tomados pela miragem da cidade, terminavam por engrossar o aglomerado limítrofe de Massaranduba, bairro constituído por outros indigentes que os tinham precedido.

"As lágrimas enchiam os meus olhos... O meu coração estava invadido pela dor em ver tanta miséria a meu redor", escreveria anos depois.

E essa não foi a única surpresa que a esperava em Salvador. Enquanto o cortejo formado pelos irmãos e pelo pai, que tinham ido buscá-la na estação, festejava-a com abraços e beijos, ouviu-se um estrondo semelhante à explosão de um raio que tivesse caído nas proximidades.

Irmã Dulce, assustada, havia se agarrado ao pai, enquanto com os olhos o interrogava para saber o que tinha acontecido.

"Estão demolindo a Sé da Bahia", disse-lhe quase para tranquilizá-la.

"Por quê?", ela retrucou.

"Dizem que é necessário. Do contrário, não será possível realizar o novo projeto viário para a passagem do bonde", respondeu-lhe o Doutor Augusto, com a voz velada pela tristeza.

De fato, foi assim que a antiga catedral de Salvador desapareceu.

***

A família envolveu-a como um manto... Somente a tia Madaleninha conseguia fazer com que saísse para visitar as várias igrejas e conventos da cidade, os quais frequentavam juntas em anos anteriores.

Madalena a acompanhava ostentando uma deferência misturada àquele orgulho que frequentemente se manifesta quando é apresentado um tesouro precioso, uma peça valiosa da família, tendo a certeza de que os outros não a possuem.

Aquele hábito branco com o escapulário azul, que tanto fascinou a jovem Maria Rita e agora era usado por ela, exaltava as linhas delicadas da sua fisionomia, tanto que aqueles que a encontravam exclamavam maravilhados: "Que bela freira!". Quando tia Madalena ouvia esse elogio, acrescentava com o cenho severo para evitar qualquer possível equívoco: "E também boa!", fazendo sorrir Irmã Dulce, que, por sua vez, dizia com os seus botões: "Que o Senhor me ajude a sê-lo!".

Elas tinham ido à associação Apostolado do Coração de Jesus, da qual Madalena era presidente. Ali, Irmã Dulce, recebera não somente os cumprimentos de todas as associadas, mas também, ao fazerem votos para que ela continuasse como consagrada à ação da misericórdia do Senhor, cada uma delas ressaltava sempre como era uma honra o fato de a associação tê-la iniciado na caridade em direção aos pobres e aos indigentes. No convento de Nossa Senhora do Desterro, não foi diferente. As irmãs franciscanas não paravam de repetir que a sua vocação nascera junto a elas e que se sentiam honradas pelo fato de ela fazer parte das Irmãs Missionárias da Imaculada, às quais elas queriam muito bem. No entanto, pediam que Irmã Dulce se lembrasse delas pelo menos em suas orações...

Ela esteve com o seu velho confessor e guia espiritual, Dom Elpídio Faria Tapiranga, que lhe pediu para continuar a missão franciscana conferida ao seu espírito no período de formação em são Cristóvão. Assim, ao chegar ao convento de São Francisco, Irmã Dulce escolheu, como confessor para essa nova etapa de sua vida, Frei Hildebrando Kruthaup, dos Frades Menores, que ela conhecera antes mesmo de partir para o noviciado.

Aqueles poucos dias passaram rapidamente, até que chegou o momento em que ela deveria começar a fazer parte ativa da comunidade a que fora destinada a servir, em um hospital inaugurado há pouco tempo na prestigiosa Avenida Sete de Setembro, o Hospital Espanhol, quase defronte ao Farol da Barra.

Pelo fato de ser uma das mais jovens, logo no início ela recebeu a função de sacristã e porteira durante o turno da noite e, então, encarregada da limpeza.

A jovem Dulce procurava dedicar-se sempre àquela função que a superiora lhe pedia para executar. A docilidade do seu caráter, alegre e simples, fazia com que ela, professora formada, não julgasse como algo humilhante a tarefa de lavar o chão, os banheiros ou as enfermarias.

Sua inteligência aberta, no entanto, fez com que a diretora a encaminhasse a um curso de prática de farmácia na Farmácia Galdino.

Irmã Dulce ficou muito contente, pois dessa maneira poderia aprofundar com maior consciência algo que desde a adolescência gostava muito de fazer: preparar os medicamentos, com base nas prescrições médicas, para que pudessem aliviar o sofrimento das pessoas. E acontecia que, na Farmácia Galdino, enquanto moía no almofariz e dosava o que fora prescrito pelo médico, às vezes começava a rir. Em sua mente afloravam lembranças de quando, anos antes, com poucos conhecimentos farmacêuticos, havia preparado compressas para aplicá-las nas chagas de algum idoso ou preparado até mesmo medicamentos para curar o olho de uma criança índia, muito pobre, que vivia nas redondezas da Rua Independência, onde morava. Gracejava com o farmacêutico, velho amigo do Doutor Augusto, enquanto este se regozijava pelo fato de ela conseguir preparar aqueles medicamentos, mesmo sem experiência e noções aprofundadas. Ele a encorajava a não se limitar a frequentar somente o curso prático. Mas tudo não passou de nobres conselhos e belas esperanças.

Entretanto, a inclinação que a jovem demonstrava ter chamou a atenção da direção sanitária do hospital, que começou a dar-lhe tarefas mais adequadas. Assim, ela passou a exercer a função de enfermeira e, finalmente, também de responsável pelo setor radiológico.

Nesse ínterim, a superiora provincial, que naquele mesmo ano aceitara a gestão do colégio dedicado a Santa Bernadete, para onde transferira cinco irmãs, tinha constatado que o ano escolar encerrara-se com um resultado satisfatório. Por isso, juntamente com o seu conselho, decidira continuar. No entanto, era necessário reforçar o quadro de pessoal, principalmente, com freiras formadas. Esse foi o motivo pelo qual Irmã Dulce, depois de apenas seis meses no Hospital Espanhol, acabou sendo enviada ao Colégio Santa Bernadete.

A obediência, que marcou toda a vida dela, fez com que não pestanejasse: reuniu os seus poucos e pobres pertences dentro de uma mala e, nos primeiros dias do mês de fevereiro de 1935, dirigiu-se ao colégio, no Largo da Madragoa

– mergulhado na grande favela de Massaranduba –, pronta para o início do ano escolar.

Ali, necessitavam de uma mestra para a Escola Primária e de uma professora de História Geral e História do Brasil para o curso ginasial. Madre Rosa, muito provavelmente sonhando alto, pedira-lhe que continuasse também com os estudos de piano iniciados quando ainda era criança e vivia com a família.

Irmã Dulce obedeceu. Naquela época, porém, ela tinha a impressão de viver em um limbo. Dedicava-se a tudo o que lhe pediam, obedecia cegamente a tudo quanto as superioras decidiam, mesmo sem sentir a menor inclinação; o seu pensamento e a sua vontade comandavam, inconscientemente, o corpo para agir sem comprometer a alma. Não era ausente, mas vivia em uma outra dimensão. Parecia um asceta que tivesse decidido colocar em prática as palavras do centurião: "Tenho soldados abaixo de mim e digo a um deles: 'Vai', e ele vai; e a um outro: 'Vem', e ele vem, e ao meu servo: 'Faz isto', e ele faz" (cf. Mt 8,8-9).

Essa completa anulação de si mesma, essa quase falta de vontade própria, de uma mente raciocinante, antecede sempre ou quase sempre um momento importante, a tomada de uma decisão, uma reviravolta, o enveredar por um novo caminho. Como o vento furioso que se transforma em bonança pouco antes de desabar o temporal.

Com o início do ano escolar, Irmã Dulce começou a dar suas aulas, mas, logo em seguida, constatou-se que alguma coisa não funcionava. Os alunos, depois de alguns dias, haviam tomado as suas providências: compreenderam que podiam fazer aquilo que queriam, pois aquela jovem professora possuía uma paciência sem limites e, de qualquer maneira, desejava o bem deles, como a mais misericordiosa das mães. Qualquer desculpa era boa para justificar os deveres malfeitos ou até mesmo ignorados. E, depois, em termos psicológicos, tinham descoberto o seu ponto fraco. Bastava que alguém aparecesse na janela e lhe dissesse com uma boa dose de malícia: "Mestra, Mestra, olhe aquela pobre mãe com dois filhos famintos!".

"Onde?", perguntava Dulce, chegando até a janela.

"Lá, debaixo da mangueira. Coitada!..."

Aqueles marotos tinham percebido que bastava muito pouco para "distraí-la" durante uma arguição ou uma explicação que não ia muito bem. Depois disso, Dulce tinha sempre os olhos voltados para o lado de fora da janela, e a aula prosseguia apenas com perguntas sobre quem ela conhecia, quem sabia onde morava... E as respostas, no mais das vezes, eram artificiais, dadas apenas para matar o tempo, como se costuma dizer.

E as notas? As notas eram sempre boas, principalmente se o aluno ou aluna possuía o dom natural para ser comediante: um amuo, uma lágrima faziam com que ela abrandasse, pois não era justo fazer com que um jovem sofresse apenas porque não dera uma resposta exata!

Irmã Fausta, a diretora e superiora da comunidade, suspeitou de alguma coisa e começou a observá-la. Obtida a confirmação, ficou nitidamente preocupada: se continuasse daquela maneira, as turmas ficariam prejudicadas no seu processo de formação escolar, para não mencionar a conduta.

Além disso, qualquer um podia ver a quilômetros de distância que aquela bendita irmã ia todas as manhãs para as aulas sem um mínimo de entusiasmo, de estímulo, como se estivesse com a cabeça entre as nuvens. Fazia o seu dever por caridade, porque assim lhe fora pedido, porque assim queria a obediência... O seu desempenho era completamente diferente na parte da tarde, quando, como as outras freiras, juntamente com mais duas moças, saía do colégio para dar a catequese.

E, mesmo que os jovens fossem sempre os mesmos, refletia a superiora, a diferença realmente existia, e a boa Irmã Fausta não deixou de percebê-la: aqueles de fora eram pobres, ou melhor, eram indigentes!

De qualquer maneira, era preciso tomar imediatamente uma providência. Assim que Madre Rosa, provincial, foi a Salvador, Irmã Fausta convidou-a para ir ao convento da Penha com urgência e, mal ela chegara, abordou o problema sem maiores formalidades.

"Madre", disse com um ar muito preocupado, "não sei o que está acontecendo com Irmã Dulce..."

A provincial olhou-a com a expressão de quem espera uma notícia ruim.

"Acredito que ela tenha apenas um pensamento: sair do colégio para andar entre esses barracos e recolher as crianças, a fim de fazer o bem e ajudar as pessoas, por caridade. Mas na escola ela é um desastre. Recentemente me pediu autorização para iniciar um curso noturno para os operários na sede do Clube de Regatas Itapagipe. No entanto, antes de lhe dar uma resposta, gostaria de falar com a senhora, Madre."

Madre Rosa olhou-a pensativa: ela e o conselho haviam transferido Irmã Dulce do Hospital Espanhol exatamente porque acreditavam ter resolvido a questão do ensino no colégio... Ela tinha tido tantas esperanças! Mas, como sabemos, nem sempre o vento sopra a favor!

Irmã Fausta aproveitou o silêncio da freira para continuar: "Madre, tenho uma opinião, mas peço à senhora para encará-la apenas como uma consideração sem qualquer intenção de interferir ou mudar aquilo que decidir e julgar conveniente fazer. Para mim, a Irmã Dulce deveria ser deixada livre na missão evangelizadora e caritativa; do contrário, mesmo sem o desejar, prejudicará a preparação dos jovens e o bom nome da escola, que a senhora bem sabe o quanto nos custou no ano passado! Madre, acredite, Irmã Dulce está presente na sala de aula com o corpo, mas a sua mente está muito longe. Provavelmente ela pensa nos jovens que estão do lado de fora, em algum enfermo necessitado, e em como ajudá-los, o que levar para eles, onde achá-los... Enfim, na escola faz apenas número, e certamente causa prejuízo. Por isso, é nosso dever auxiliá-la a caminhar por uma estrada mais adequada à sua vocação, ajudar os nossos alunos, para que eles tenham uma boa professora, e, finalmente, diminuir os aborrecimentos das superioras".

Madre Rosa sorriu: "Acredito que, para diminuir os aborrecimentos das superioras, a escolha seja, sobretudo, obrigatória".

Irmã Fausta suspirou aliviada. Logo em seguida, a madre provincial pôde aquilatar a grande preocupação que havia afligido o ânimo da freira, pela velocidade com que esta foi chamar Irmã Dulce para que a provincial lhe desse, pessoalmente, a sua autorização.

A jovem irmã, que nada sabia das preocupações das superioras, aguardava as costumeiras recomendações. Sentiu-se completamente fora de si de tanto contentamento, quando soube que fora exonerada do ensino para poder se dedicar totalmente à missão fora do colégio.

Primeiramente, olhou com os olhos arregalados e, depois, tomada pela alegria, pulou no colo da madre provincial como uma menina faz com sua mãe para demonstrar-lhe todo o seu reconhecimento.

A provincial, apanhada de surpresa, recompôs-se imediatamente e, com firmeza, repreendeu-a: "Irmã Dulce, é necessário controlar as emoções! Lembre-se sempre de que é uma freira!".

Capítulo 7

HUMILHAÇÃO E VERGONHA

Muitas vezes um estranho destino acompanha a beleza. Exatamente lá, onde a natureza exprimia todo o seu esplendor, ela foi humilhada a ponto de se tornar um mísero exemplo do seu contrário, talvez por causa de uma "inveja" cósmica praticada pelos seres humanos.

Exatamente esse é o caso da pequena e bela península de Itapagipe, que abriga a enseada conhecida como dos Tainheiros – porque ali atracavam os barcos dos pescadores de tainha, na Cidade Baixa de Salvador: lugar sagrado e, ao mesmo tempo, de sofrimento e de miséria; prodígio da natureza e encarnação da degradação humana e do meio ambiente.

Nessa faixa de terra avançando sobre o mar, o Caminho de Areia surgira como um dos lugares mais sagrados de Salvador, o santuário de Nosso Senhor do Bonfim. Ali os viajantes e os mercadores vinham fazer seus votos, antes de embarcar e enfrentar a travessia do oceano. Eles voltavam sempre a esse lugar para desfazer os seus votos.

Não havia um dia em que a igreja não fosse meta da peregrinação das famílias dos marinheiros, as quais vinham "descarregar" naquele lugar sagrado as suas angústias, ânsias e os seus medos com relação a seus homens: pais, maridos, irmãos ou noivos.

Não existia, então, um único canto do santuário que não testemunhasse, como ainda hoje, todas aquelas emoções, fruto do medo do ser humano e da procura do auxílio divino. Lugar de alegria e de dor, de qualquer maneira umedecido sempre pelas lágrimas.

A pouca distância, proeminente sobre o cabo que se estende sobre a larga Bahia, existia um outro lugar sagrado, o monastério e a igreja dedicada a Nossa Senhora de Montserrat, emblema de oração, mas, principalmente, de deportação e sofrimento. Dos pavilhões contíguos, por aproximadamente três séculos, a raiva e a dor subiram ao céu, o brado do sangue e das lágrimas dos pobres negros que, arrancados de sua África, eram amontoados ali para depois serem vendidos como escravos aos ricos proprietários das plantações.

Esse antigo paraíso, que se tornou purgatório, estava se transformando rapidamente num lugar que nunca seria o inferno, mas, diríamos, um lugar "variado", onde havia um pouco de tudo: alegria, dor, sofrimento, degradação e miséria. Talvez por acaso, por certas convergências providenciais, ali se instalou também uma feira.

Em abril de 1934, depois de um violento incêndio na feira de Sete, que ficava na praia de mesmo nome, próxima às Docas do Wilson, os comerciantes se transferiram para a praia de Água de Meninos. Deveria ser algo provisório, mas, em apenas dois anos, o crescimento vertiginoso fez com que se tornasse definitivamente a feira de Água de Meninos.

A praia desaparecera, já que os esgotos a céu aberto e o lixo desembocavam no mar sem respeitar as mínimas normas de higiene. Ali eram construídos enormes barracões para depósito. Devido à sua amplitude, vários trechos receberam um nome para designar também uma espécie de "especificidade": em Coroa, instalavam-se serrarias e depósitos de material de construção; em Badame, eram descarregados os produtos deteriorados, disputados pelos miseráveis das redondezas...

Ao longo do litoral tinham sido instaladas fábricas, agora desativadas, nas quais a ilusão do emprego custava caro aos novos escravos: os cidadãos "livres", contratados com salários de fome para trabalhar por um número infinito de horas.

Toda essa realidade começava a poucos metros do Largo da Mandragoa, defronte do Colégio Santa Bernadete, aonde chegavam os barracos e os casebres de Massaranduba.

Irmã Dulce, nas tardes em que obtinha a permissão de Irmã fausta, saía com Florentina, a irmã de Dom Florêncio Vieira, pároco da Penha, e tentava reunir as crianças, pois, por intermédio delas, poderia chegar às famílias. Agora, podendo se dedicar por inteiro a esse apostolado, arregaçara as mangas, e aquilo que parecia uma aspiração descartada podia se transformar num verdadeiro plano de trabalho apostólico.

Primeiramente, ela dedicou-se às iniciativas esporádicas, isto é, reuniu as crianças das redondezas, filhos de operários das fábricas e dos desocupados e, durante o dia, fazia um curso primário com eles: a alfabetização deveria constituir o primeiro degrau do seu resgate social. À noite, no Clube de Regatas Itapagipe, ensinava os pais dessas crianças a ler e a escrever.

Ela se deu conta muito cedo de que a sua ação, para ser mais ampla e incisiva, deveria começar pelas fábricas. Passou a esperar os operários na saída, mas os via passar à sua frente sem suscitar nenhum interesse: estavam muito cansados para lhe dar atenção.

Então, foi falar diretamente com os patrões a fim de obter autorização para fazer a catequese com os trabalhadores. A única hora que lhe concederam foi a do almoço. Apesar de ser pouco, ela achou que era o suficiente para começar. Juntamente com Florentina, apresentava-se, pontualmente, ora em uma, ora em outra fábrica. Em pouco tempo, a experiência lhe mostrou que era totalmente inútil falar de fé, ou de direitos dos trabalhadores, ou de dignidade humana: fazia-se necessária uma ação minuciosa com cada um deles, interessar-se por sua vida, sua família, suas necessidades, para então, sim, semear uma boa palavra, uma exortação, um rudimento de catecismo.

Um critério de humanidade transforma. A indiferença, porém, era tanta, que algumas vezes só se conseguia superá-la mencionando o nome de um filho, de uma esposa ou de uma mãe.

Sabemos que a boa e a má fama se alastram silenciosas como o azeite numa folha de papel. Assim, já no segundo ou terceiro encontro ela havia conseguido formar um pequeno grupo que a ouvia, condição indispensável para ser levada em consideração.

O entusiasmo que a animava era tanto, que ela se tornara a hábil tecelã de uma teia de relações humanas, útil para a criação de uma atmosfera de confiança que deveria envolver não somente os operários naquele momento, mas toda a sua família, os vizinhos, os conhecidos... Agora, ou eram os filhos a levarem aos pais ou os pais aos filhos.

Em conjunto com as outras freiras, ela cuidou da preparação dos jovens para a Primeira Eucaristia, o que constituiu uma etapa ulterior, transcorrendo, assim, alguns meses.

Irmã Dulce era muito pontual em seu apostolado, e os frutos já começavam a ser colhidos. Tinha se tornado uma presença viva e eficiente, fosse nas fábricas, fosse entre os barracões de Massaranduba.

Como sempre acontece, os dias de Sol podem ser seguidos por alguns nublados, por uma chuva forte – é natural!–, mas a surpresa se dá quando, de repente, chega um temporal vindo exatamente da direção inesperada.

Um dia, Irmã Dulce estava no convento, quando a porteira veio chamá-la, pois o arcebispo, Dom Augusto Álvaro da Silva, estava ao telefone e queria falar urgentemente com ela. Atendeu-o e ficou surpresa quando ouviu a voz monótona do seu secretário dizer: "Venha urgentemente ao palácio arquiepiscopal amanhã, pois Sua Excelência precisa falar com a senhora".

Ainda que o prelado fosse amigo do seu pai, Doutor Augusto, e conhecesse pessoalmente Irmã Dulce – ela recebera dele a Crisma na capela particular, junto aos irmãos Augusto e Dulcinha –, ele lhe transmitia muito temor, especialmente agora que era freira. E, quando os superiores fazem uma convocação, nem sempre é para fazer elogios! Assim sendo, passou a noite na expectativa de saber o motivo daquela convocação assim tão inesperada.

No dia seguinte, apresentou-se e, ao ver a fisionomia sombria do arcebispo, sentiu-se intimidada. Depois de um breve preâmbulo, o prelado foi direto ao assunto: "Irmã, fomos informados de que a senhora tem feito catequese nas fábricas".

"Sim, Excelência, com a autorização tanto da madre provincial quanto da superiora da casa."

"Estamos sabendo. Isso é louvável", e balançava a cabeça em sinal de aprovação, mas, de repente, levantou o indicador e disse: "No entanto, a senhora faz o seu apostolado durante a hora de almoço, não é verdade?".

Irmã Dulce começava a dar as devidas explicações do porquê daquele horário, quando um brusco movimento das mãos do arcebispo impusera-lhe silêncio.

"Isso é indecente para uma irmã", bradou o arcebispo, e olhou-a com os olhos chamejantes, os quais se tornaram ainda mais furiosos diante da sua expressão severa. "A senhora não percebe? O que foi que lhe ensinaram durante o noviciado? E, exatamente a senhora, que vem de uma família tão respeitável!"

Ela continuava sem entender.

"Não lhe ensinaram a ter pudor? Estar ali entre homens que usam calças curtas e mostram as pernas nuas. Nuas! Uma indecência que prejudica a sua reputação, sem falar nas possíveis tentações que o maligno pode insinuar no seu espírito..." E a repreensão, muito veemente, terminou com conselhos paternais enriquecidos por citações doutas e de exemplos edificantes.

Irmã Dulce, de um lado, respirou aliviada por ter sabido o motivo da convocação e, de outro, foi tomada por um sentimento de embaraço. Quando, finalmente, obteve permissão para falar, com aquela sinceridade que já a caracterizava naquela época, respondeu: "Excelência, nunca olhei para as pernas de nenhum operário! se vou àquela hora, é porque os patrões das fábricas não me concedem um horário diferente. E, depois, como é que posso olhar para as pernas dos operários se tenho sempre entre as mãos a imagem do Sagrado Coração de Jesus?".

A tempestade esvaneceu-se com a mesma velocidade com que tinha chegado... E Irmã Dulce continuou o seu apostolado entre os operários, conhecendo cada vez mais as suas necessidades humanas e espirituais.

A irmã encarregada do "diário de casa" do Colégio Santa Bernadete deixou escrito:

> Na tarde do dia [6 de dezembro de 1935], na presença do nosso digno vigário [Dom Florêncio Vieira] e da nossa madre comissária [Irmã Rosa Schüller], na Fábrica da Penha, a nossa Irmã Dulce inaugurou uma biblioteca para os operários com cinquenta livros, sem contar os jornais e as revistas, tudo generosamente oferecido pelos padres franciscanos, salesianos e beneditinos. Diante da imagem da Virgem, fizeram a consagração a Nossa Senhora.

Nesse ínterim, três operários de uma das fábricas de Itapagipe pensaram em construir os seus barracos sobre as palafitas no areal da baía interna dos Tainheiros. Foi um pequeno núcleo que em pouco tempo se tornou uma favela, Alagados. Em poucos anos se transformou na área com as maiores palafitas do Brasil, chegando a abrigar uma população calculada em mais de 100 mil pessoas. Em 1979, parte da área foi aterrada, criando-se, assim, o Loteamento Joanes. Com as obras desse primeiro aterro, Alagados começou a se expandir ao longo da via suburbana, formando um novo bairro, Novo Alagados ou Alagadiços. Dividido em comunidades distintas, Nova Esperança, Boiadeiro, São Bartolomeu, 19 de Março, o novo bairro, em poucos anos, igualou-se ao velho em dimensão e características: casas que se comunicavam entre si através de frágeis pontes de madeira, sem infraestrutura, na maioria dos casos sem água encanada e com instalações irregulares para o fornecimento de energia elétrica. Atualmente, Alagados e Novo Alagados estendem-se pelas enseadas de Tainheiros e de Cabritos, desde a Ribeira até a Plataforma.

Capítulo 8

O TRABALHO EM FAVOR DA CLASSE OPERÁRIA

Desde a época em que estava em São Cristóvão, Irmã Dulce tinha começado a sofrer de dor de garganta e, por longos períodos, a rouquidão a afligia e ela precisava fazer muito esforço nos dias em que dava aulas. Agora o esforço era menor, mas havia momentos em que era tomada por uma repentina afonia. Até que, por fim, foi obrigada a ceder às insistências da superiora e do Doutor Augusto, indo procurar um especialista.

O resultado da consulta foi decisivo: deveria ser operada. Apesar das relutâncias, no mês de junho teve de submeter-se a uma operação de garganta, fato que determinaria o seu tom de voz débil pelo resto da vida.

Depois da operação, conseguiram mantê-la afastada apenas o estritamente necessário daqueles que eram, de uma vez por todas, os seus compromissos. E ela retornou rapidamente para junto dos operários.

Não podendo forçar excessivamente a voz, pediu ajuda ao Padre Alfonso, dos redentoristas, que estava no Bonfim. Ficou combinado que ele ou um dos seus confrades se encarregariam da catequese aos domingos à tarde. E isso poderia ser feito em um velho edifício abandonado que ela havia encontrado.

Irmã Dulce, no entanto, sempre com a fiel amiga Florentina ou com alguma das freiras, aproveitava para penetrar no coração da miséria: ia visitar os doentes, levava remédios e outros gêneros que conseguira arranjar para os barracos mais afastados.

Numa ocasião, enquanto caminhava, começou a sentir uma forte dor no abdômen e, na volta, uma pontada aguda fez com que ela se dobrasse. Florentina, com muita dificuldade, conseguiu socorrê-la. Lentamente, arrastando-a, conseguiram chegar ao Colégio Santa Bernadete. A dor aumentava incessantemente e foi necessário recorrer a um médico: apendicite. Assim, ela foi obrigada a parar, mais uma vez, naquele ano.

A inatividade forçada por um período serviu, no entanto, para fazer com que ela refletisse. A seara era muito grande e implicava envolver outras pessoas. A sua mente parecia uma turbina: se queria que a ação fosse incisiva, deveria recorrer a todos os seus conhecidos e solicitar ajuda. Foi assim que, ao falar com José Bastos, membro da Congregação Mariana de São Luiz, foi apresentada ao jovem médico Bernardino Nogueira, que ficou muito feliz em poder ajudá-la.[1]

A assistência médica era de fundamental importância em meio a toda aquela miséria. Nos primeiros tempos, Irmã Dulce identificava os casos mais graves e urgentes, infiltrando-se nas palafitas de Alagados, e depois levava o padre, ou o pai, Doutor Augusto, ou o Doutor Bernardino, juntamente com roupas, alimentos e remédios. Mas, depois de certo tempo, ela teve a ideia de criar um ambulatório que

---

[1] Era o mês de outubro de 1936.

pudesse servir tanto aos operários e às suas famílias quanto a todos os outros necessitados.

Em uma velha casa abandonada de Itapagipe, junto à Oficina Baiana de Navegação, com latões de querosene como cadeiras, uma mesa velha, um mísero lume e alguns baldes... Assim começou o consultório. O médico visitava os pacientes necessitados e ela procurava arranjar os remédios, pedindo-os nas farmácias ou solicitando-os às pessoas que pudessem comprá-los.

As jovens do Colégio Santa Bernadete, levadas pelo seu exemplo, entusiasmaram-se a tal ponto que faziam turnos para poder acompanhá-la e ajudá-la: algumas levavam doações, outras levavam remédios, já que tinham algum médico na família. Ela acompanhava pessoalmente os enfermos com suspeita de tuberculose ao Hospital Santa Isabel, para se certificar de que seriam internados, pelo menos nos casos mais graves. De qualquer maneira, logo se constatou que o que mais afligia grande parte das pessoas eram as verminoses e a desnutrição. Mas como curar a doença, sem antes procurar identificar as causas?

O diagnóstico não deixava dúvidas: a doença era um produto específico da desnutrição, esta derivava da miséria, que, por sua vez, tinha as suas raízes no desemprego.

Então, o espírito de Irmã Dulce voltou-se para os quatro pontos cardeais: batia à porta de todos os seus santos protetores, terrenos e celestes. Dada a conjuntura geral, era necessário um grande esforço para conseguir o que quer que fosse num escritório, numa loja ou numa fábrica... Assim mesmo, era sempre como pretender transferir a água do mar com uma concha.

Além de tudo isso, os operários não possuíam nenhum tipo de representação sindical, não gozavam de nenhum benefício, de nenhuma assistência médica. Nesse sentido, as solicitações de Irmã Dulce naturalmente foram dirigidas a seu confessor, Frei Hildebrando, mesmo porque ele nitidamente tinha revelado grandes habilidades empresariais nas áreas ligadas às atividades sociais, como a recente construção da Casa de Santo Antônio, do grandioso edifício Excelsior, para as reuniões da Congregação Mariana de São Luiz e da sala cinematográfica. O conhecimento e a sensibilidade demonstrados, também, por alguns membros da Congregação Mariana facilitaram ainda mais as coisas.

Assim, mesmo em nível oficial, o contato para uma articulação de ideias e para uma eventual iniciativa em conjunto entre Irmã Dulce, Frei Hildebrando e a Congregação Mariana de São Luiz tornou-se mais intenso. Por um lado, a congregação acreditava poder ajudar à classe operária, alinhada com tudo o que estava ocorrendo em outras partes do Brasil naquele momento, do ponto de vista sociorreligioso, no que se refere à ação social católica, às associações e organizações de operários – estimuladas pelas encíclicas sociais da Igreja. Por outro, Irmã Dulce possuía uma inclinação prática e, em sua mente, os discursos que ouvia sobre a luta operária, os direitos trabalhistas, a sindicalização defendida por essa ou aquela encíclica papal não passariam de belas palavras, se depois não fossem concretizadas de forma a promover a melhora nas condições de vida que ela enfrentava todos os dias na linha de frente.

Os operários são como os pobres. Se, na realidade, não têm trabalho, não fazem parte da classe dos pobres?

No entanto, debatia-se a ideia de que era necessário criar uma consciência radicalmente nova para que deixassem de existir a pobreza e a desigualdade social. Isso seria muito melhor do que colocar "remendos" sobre as feridas, protegendo com uma assistência que, no fim de contas, não resolveria os problemas. E a oposição de alguns à sua linha de ação era firme.

"Muitas pessoas afirmam que faço mal em proteger e defender os pobres... desamparados irmãos pobres!" – contestava, decidida, Irmã Dulce. "Só quem convive diariamente com eles pode avaliar o quanto sofrem, o quanto necessitam da Palavra de Deus, de uma mão amiga que se estenda em direção às deles. Muitos de vocês me criticam, dizendo que eu faço mal, que eu mimo os pobres. Quem de nós que se encontrasse naquela mesma situação não gostaria de receber tudo? Eu, ao contrário, lhes digo: Ajudem-me! Deem-me a possibilidade de ajudar esses pobres irmãos a saírem dos barracos cobertos de papelão ou de latas velhas, famintos, desempregados, doentes; seus filhos, suas mulheres também têm fome. Eles hoje estão morrendo e não sabemos se estarão vivos num amanhã, quando conseguirmos aquilo que é, sem dúvida alguma, um sacrossanto objetivo."

Duas perspectivas aparentemente em contraposição, mas que, se fossem devidamente coordenadas, podiam frutificar a curto e a longo prazo. No entanto, era oportuno trabalhar para a fundação de uma agregação de operários. Uma vez que já há muito tempo atuava entre eles e estava até procurando formar com alguns uma "sociedade proletária", Irmã Dulce era a pessoa mais indicada para promover o seu envolvimento. Dado esse primeiro passo, poderia contar com o apoio da Congregação Mariana.

Os operários foram convocados, mas foi um clamoroso fiasco: da primeira reunião, participaram apenas quatro homens e seis mulheres. A essa altura, algumas pessoas aconselharam-na a desistir, mas estava convencida: pensou que se tratasse de um erro organizativo e tentou mais uma vez.

Da segunda convocação participaram aproximadamente duzentas pessoas. Assim, no dia 31 de outubro de 1936, estaria criada a União Operária São Francisco, o primeiro movimento operário cristão de Salvador.

Escreveu o jornal *A Tarde*:

> Como toda a Bahia sabe, Irmã Dulce estava trabalhando há mais de um ano entre a classe operária naquela região. Devido ao crescimento do movimento, ela pensou em fundar uma grande organização operária cuja direção fosse confiada ao Frei Hildebrando Kruthaup, diretor da Casa de Santo Antônio, que por sua vez obteve a autorização para aplicar a arrecadação dessa casa em benefício da construção e instalação de uma sede própria para os operários.

Durante a inauguração solene, participaram o canônico Flôrencio Vieira, vigário da Penha, representando o arcebispo primaz; o Doutor Alberto de Assis, presidente da Associação dos Professores Católicos, na qualidade de representante do secretário da educação e saúde pública; a superiora das Missionárias da Imaculada Conceição, representando a madre-geral; o senhor Cleto Araponga, presidente da Congregação Mariana São Luiz; o Doutor Bernardino Nogueira, diretor do posto médico; Frei Mariano, representante do provincial dos franciscanos, e muitas outras pessoas de prestígio. A sessão foi coordenada por Frei Hildebrando, sendo nomeado presidente da União um entusiasta da primeira hora, o senhor José Bastos.

O jornal *O Imparcial*, ao redigir a crônica pontual do acontecimento, definiu Irmã Dulce como "fundadora e idealizadora da grande obra que se consolida hoje com a fundação de uma sede própria". Todos lhe reconheciam esse papel, mas ela queria constar da iniciativa apenas como um membro da Congregação das Irmãs Missionárias da Imaculada Conceição.

Finalmente uma sede digna para o ambulatório, uma farmácia e uma cooperativa de consumo, na Rua Lelis Piedade, 109, em Itapagipe, perto do Porto dos Tainheiros. Podia-se iniciar dali e, aos poucos, dar continuidade aos outros serviços e projetos.

O importante foi que a ação benéfica não tardou a se manifestar em Itapagipe, como também nos bairros de Massaranduba e Plataforma.

As duas almas da iniciativa – Frei Hildebrando, considerado o "pai", e Irmã Dulce, que encarnava a "mãe" – começaram a trabalhar, cada uma delas na sua própria direção, mas com a meta comum de atingir as finalidades do movimento, bem como fazer o bem ao próximo. Assim, enquanto Dulce se dedicava, como sempre, especificamente aos "usuários", o frade perseguia o objetivo de uma visão "política" num raio mais amplo.

Ele distinguia bem a importância de aderir e engajar-se ao movimento nacional dos Círculos Operários para obter maior peso e conseguir vantagens significativas. Assim, poucos meses depois, ou seja, em 12 de janeiro de 1937, a União Operária São Francisco foi transformada em Círculo Operário da Bahia. O acontecimento foi amplamente divulgado pela Imprensa.

O Círculo propunha-se a oferecer aos sócios: cultura e atividades recreativas; proteção social, com assistência nas oficinas, nas escolas e famílias; defesa dos direitos legítimos da classe; assistência médica, dentária, farmacêutica, jurídica e material; sindicalização das classes operárias; fundação e incentivo para a criação de cooperativas ou vendas de produções do Círculo; instituição de uma caixa de auxílio e de empréstimo, por intermédio da qual os sócios doentes deveriam ser ajudados, como também as famílias dos sócios falecidos. Possuía também como norma a preocupação de se manter fora e além da política partidária.

Nesse ínterim, na Casa de Santo Antônio, ao lado do convento de São Francisco, no centro de Salvador, foram imediatamente colocados à disposição dos sócios um salão para as reuniões e algumas salas de jogos. Os sócios podiam usufruir da redução pela metade da entrada para o cinema Excelsior. O mais importante, porém, foi o início da elaboração de um estatuto baseado nos princípios estabelecidos pelo Padre Leopoldo Brentano no "Manual do Círculo Operário".

Provavelmente, a rápida transformação da União Operária em círculo foi levada a cabo, com muita perspicácia, por Frei Hildebrando, visando à participação, com plenos direitos, no primeiro Congresso Operário Católico, que foi realizado em novembro de 1937, no Rio de janeiro.

A mudança acarretara não somente uma denominação diversa, mas também uma forma organizativa articulada que, de maneira quase imperceptível, surtira o efeito de uma variação no equilíbrio das várias forças convergentes que emergiriam algumas décadas mais tarde. Ele deslocara o centro de gravidade do movimento, e isso podia ser percebido claramente através das palavras proferidas pelo Presidente Bastos em seu discurso inaugural:

> Era necessário executar uma obra em grande escala, de maiores proporções, de proporções tais em condições de atender ao número sempre crescente de sócios e beneficiados, o qual excedia as possibilidades da idealizadora e das Irmãs Missionárias; assim sendo, ficou decidido passar a direção à Casa de Santo Antônio (*O Imparcial*, 13/01/1937).

Frei Hildebrando e os franciscanos assumiram, assim, um papel primário, mas isso não afetou minimamente nem a suscetibilidade nem o interesse de Irmã Dulce. Ao contrário, ela ficou contente, pois os operários e os pobres podiam gozar de estruturas e serviços adequados. Seu objetivo, na realidade, não era o comando, mas a ação. Para ela, interessava ter carta branca e dispor de meios para ajudar aqueles que dela necessitavam. Era o que lhe bastava!

O dia 15 de agosto daquele ano foi particularmente solene e importante. Há muito tempo não se via a igreja do convento da Penha tão cheia de gente em festa.

A comoção atingiu o seu ponto mais alto quando, num profundo silêncio, entraram três irmãs: Irmã Nazareth, Irmã Terezinha e Irmã Dulce, com uma coroa de flores brancas na cabeça e um círio aceso. Elas percorreram toda a nave e detiveram-se diante do balaústre do presbitério, onde tinham sido dispostos três genuflexórios forrados de tecido branco.

Assim, diante de Deus e da comunidade, emitiram a profissão perpétua.

Capítulo 9

A ALEGRIA EM SOCORRER
OS MAIS NECESSITADOS

O Círculo Operário da Bahia (COB) teve um crescimento surpreendente: em 1939 já contava com quatro mil sócios. Por sugestão da Irmã Dulce, Frei Hildebrando tinha mandado construir o cinema Itapagipe, servindo, assim, aquela região.

A responsável pelo "diário da casa" do Colégio Santa Bernadete observou que: "No dia 1º de maio entrou em funcionamento uma escola, Santo Antônio, em Massaranduba, sob a direção e os cuidados do Círculo Operário, onde também trabalha a nossa querida Irmã Dulce".

Santo Antônio era uma escola para crianças e jovens das famílias dos operários, mas também daqueles que não podiam manter os filhos nos estudos. Além dos deveres institucionais, essa escola oferecia cursos profissionalizantes para a iniciação no mercado de trabalho: para os rapazes havia oficinas de sapateiro, mecânico, alfaiate, carpinteiro, datilógrafo; para as moças, aquele conjunto de aprendizados teórico-práticos denominado "economia doméstica" (costura, cozinha etc.).

No entanto, a "paixão" de Irmã Dulce continuava a ser sempre o laboratório. O estágio em farmácia, feito por algum tempo, já não era suficiente e aquele longínquo conselho do Doutor Galdino "teve" de ser seguido. Ela inscreveu-se em um curso regular para obter o diploma que lhe possibilitaria exercer a profissão legalmente. Foi assim que, depois de passar em todos os exames, tirou o diploma de Farmacêutica junto à Secretaria de Educação e Saúde do Estado, em 8 de janeiro de 1941, defendendo uma tese sobre "Cápsulas e comprimidos".

As atividades eram inúmeras e muito absorventes, mas havia a juventude e o entusiasmo. A própria Dulce assim escrevia à Madre Pacífica Boenning, a nova superiora-geral da sua congregação:

> Desde 1936 até agora, tenho estado em missão com a Irmã Gregória. Antes deste período, trabalhei com outras coirmãs. Atualmente, tenho sob os meus cuidados o ambulatório, a farmácia, a escola, as oficinas para os aprendizes, filhos de operários. [...] Posso lhe garantir que até hoje me sinto feliz, muito feliz! Jesus tem sido muito bom para com uma pobre pecadora como eu. Gostaria de lhe agradecer, também, por todos os benefícios, espirituais e materiais, que recebo, todos os dias, da nossa congregação. Jesus é o único que poderá recompensá-las por todas as graças, por todo o bem que me fazem (carta de 9/6/1940).

Que Irmã Dulce era feliz não seria necessário dizê-lo... Todos podiam constatar isso, principalmente aqueles que viviam junto dela: depois de um dia de trabalho intenso em Massaranduba, as coirmãs e as moças do Colégio Santa Bernadete viam quando ela voltava cantarolando e, com frequência, estas últimas a esperavam para cantarem juntas – possivelmente com Dulce ao piano ou no acordeão – "Adeus, amor, eu vou partir...", a canção que era a última moda.

Uma tarde, Irmã Dulce permaneceu um pouco mais que o habitual no ambulatório da Rua Lelis Piedade. Havia um crepúsculo intenso: o vermelho dourado tingira todas as coisas, dando-lhes uma dimensão surreal. O Doutor Bernardino e as moças que a tinham ajudado naquele dia já não mais se encontravam ali. Ela experimentava uma sensação estranha e o seu pensamento ruminava aquela frase que o doutor lhe dissera entre uma visita e outra: "Irmã, o mundo está pegando fogo. A Alemanha invadiu a Polônia... a França e a Inglaterra declararam guerra contra ela...". Aquela cor vermelha a impressionava: os reflexos daquele incêndio chegavam também à sua terra!

Enquanto fechava a porta do ambulatório, ouviu um soluço às suas costas. Virou-se rapidamente e viu um menino de uns doze anos, com o rosto coberto de suor, que tremia como uma folha. Descalço, com o corpo macilento e o rosto encovado, deixava transparecer toda a fome passada desde o nascimento e a vida miserável que levava, ganhando alguns trocados com a venda de jornais. Também ele naquela manhã gritara pelas ruas de Salvador: França e Inglaterra declararam guerra à Alemanha!

Disseram-lhe para gritar daquela maneira, pois ele não sabia ler nem imaginava o que queriam dizer aqueles nomes.

À tarde, com o surgimento de uma febre que lhe fazia explodir a cabeça, arrepios inesperados e violentos atravessavam o seu corpo débil como se fossem fortes descargas elétricas. Ele tinha ficado apavorado... Mas para onde ir? Até os pais? A família? Fazia muito tempo que não os via: o seu lar era a rua. Os seus companheiros afastaram-se dele com medo de que lhes transmitisse alguma infecção. E ele vagava como um cachorro sem dono até que, finalmente, vira aquela freirinha.

"Irmã, não me deixa morrer na rua, me ajuda!", disse-lhe entre soluços.

"Meu filho, onde coloco você? Isso aqui é um ambulatório."

"Irmã, não me deixa morrer...", e não conseguiu terminar a frase, pois os arrepios tinham se transformado em tremores violentos.

Dulce reabriu a porta rapidamente e o puxou para dentro. Colocou a mão em sua testa e constatou que a febre era muito alta. Apanhou o avental do doutor e envolveu o menino com ele. O branco daquela veste ressaltava ainda mais a cor de terra que a malária, já em estado avançado, dera àquele pequeno rosto.

Dulce deu-lhe um remédio, o mais apropriado entre aqueles de que dispunha, enquanto o menino continuava a chorar e a repetir: "Irmã, não me deixa morrer na rua... Por favor, irmã, me ajuda... me ajuda...". Um lamento que teria dilacerado o coração mais duro.

Irmã Dulce olhou para ele fixamente, enquanto o seu cérebro passava em revista os lugares e as pessoas que poderiam acolhê-lo.

"Ilha dos Ratos!", exclamou, de repente, para si mesma. Recolheu do ambulatório tudo o que podia servir para cobri-lo e, segurando-o pela mão, disse-lhe: "Anda, vem comigo".

Ilha dos Ratos era um bairro um pouco afastado, onde havia algumas casas vazias. Ela deteve-se diante de uma delas, mas a porta e as janelas tinham sido barradas pelo proprietário para evitar que alguém entrasse. Sozinha ela não conseguiria forçar a porta... Sem perder a calma, olhou em torno e disse ao primeiro que passava: "Rapazinho, por favor, arromba essa porta para mim".

O rapaz olhou para ela sem entender: "Irmã, a senhora ficou doida de vez? Essa casa tem dono!".

"Eu sei, mas quero que arrombe a porta assim mesmo."

"Não, irmã, não quero ter nenhuma responsabilidade..."

"Não se preocupe. É por minha conta. Eu assumo toda a responsabilidade."

"Não, irmã, não quero saber disso."

"Este menino está morrendo... Vamos deixar ele morrer na rua, como um cachorro? Arromba essa porta, por favor!"

Aberta a porta, Dulce acomodou o menino e lhe garantiu que voltaria o mais rápido possível.

"Não me deixa sozinho... Não me deixa morrer aqui sozinho...", recomeçou a chorar o pobre coitado.

Depois de tranquilizá-lo, ela saiu correndo. Foi até Florentina e indicou-lhe a casa. Mais tarde, regressou, trazendo consigo uma lanterna, leite e um pedaço de pão. A mulher se prontificou a permanecer ali, velando o menino doente por toda a noite e, assim, Dulce pôde voltar para o convento.

Naquela tarde, porém, ela não voltou cantando.

No dia seguinte, indo até a casa, percebeu que os moradores do local, colocando a cabeça para fora dos barracos, faziam comentários. A notícia do arrombamento da porta para ajudar aquele menino já correra todo o bairro. Ela nem teve tempo de se informar sobre as condições de saúde do pequeno "jornaleiro", pois duas mulheres se apresentaram e levaram-na ao bairro da Ribeira, para um barraco que mais parecia um ninho de ratos: uma velha não tinha forças nem para gritar; os seus lamentos coincidiam com a respiração.

Não pensou duas vezes, pegou-a nos braços, como se fosse uma menina, e levou-a para a casa de Ilha dos Ratos. Passaram-se apenas alguns dias, quando foi informada de que um homem estava morrendo num buraco na Rua da Lanterna, em Massaranduba. Foi vê-lo, era um tuberculoso já no último estágio. Percebendo a total inutilidade de levá-lo para o Hospital Santa Isabel, dirigiu-se a um homem que tinha um carro e pediu-lhe que o transportasse... Mas para onde? Como não podia colocá-lo junto ao menino e à velhinha, fez com que a porta de uma outra casa vazia fosse arrombada, acomodando o homem ali.

Todos perceberam que podiam contar com aquela freirinha e, assim, todos os casos em que Dulce fora chamada para intervir terminaram com o arrombamento de mais duas portas.

O proprietário das casas, vindo a saber do que estava acontecendo, denunciou o fato à Saúde Pública. O diretor do 4º Centro da Saúde convocou imediatamente Irmã Dulce para que desse as devidas explicações sobre os seus atos. E ela contou tudo o que havia acontecido e o que a levara a cometer aquele ato ilegal.

O homem não se deixou convencer nem muito menos comover pelo fato de que se tratava de pobres infelizes, que nada mais tinham além do ar para respirar e dos olhos para chorar... Ao contrário, explicou-lhe o que significava propriedade privada, falou dos direitos e dos deveres do cidadão, da retidão nos comportamentos e, sem escutar nem mais uma palavra, disse-lhe para desocupar as casas.

Dulce voltou à Ilha dos Ratos, preocupada e com o cérebro fervendo. No entanto, nada deixou transparecer nem aos doentes, nem àqueles que a assistiam. Finalmente, depois de ter ouvido as lamentações de todos, fez-lhes uma exortação calorosa: "Por favor, eu lhes peço: rezem muito hoje, rezem muito".

O dia chegou ao fim e ela não havia encontrado nenhuma solução. À noite, levou a refeição e os remédios para os seus doentes e, qual não foi a sua surpresa, quando viu que alguém já tinha providenciado o alimento daquela noite.

"Hoje foi ele que veio", disse-lhe o menino.

"Ele quem?", perguntou Irmã Dulce.

Então, foi informada de que, no final da manhã, o diretor do 4º Centro da Saúde Pública estivera ali acompanhado por dois funcionários. Observara tudo, fizera perguntas a todos e depois se fora. Todas aquelas provisões tinham acabado de chegar.

Ela suspirou aliviada, achando que o problema estava resolvido, mas, assim que botou os pés fora da casa, deu com o proprietário, que vinha a seu encontro, furioso. Ameaçava chamar a polícia e mandá-la para a cadeia por invasão de domicílio. As palavras da irmã, no entanto, fizeram com que ele aos poucos se acalmasse e, no fim, concordasse: "Olhe, irmã, eu deixo que eles permaneçam aqui até que fiquem bons ou que morram, mas não coloque mais ninguém aqui porque quando o último for embora vou mandar consertar as casas".

Se para o menino se delineava uma solução por algum tempo, o mesmo não se podia dizer em relação ao homem e à velhinha. Além do mais, tinha sido chamada para atender outros casos desesperados. Compreendia que a generosidade não podia sufocar a justiça. Era preciso encontrar uma outra solução. Deveria fazer um gesto muito evidente que chamasse a atenção pública, que mobilizasse as consciências.

Amadureceu alguma coisa em sua mente, pois, um dia, na escola Santo Antônio, passou pelas turmas pedindo a todos os jovens que levassem caixas, latinhas, folhas de zinco, mesas, esteiras, pedaços de madeira... Enfim, tudo aquilo que pudesse ser reutilizado.

À frente de um pequeno exército, munido de todo aquele material recuperado, deu início à tarefa de fazer com que os arcos da rampa que conduziam ao Santuário de Nosso Senhor do Bonfim se tornassem "habitáveis". Terminada a arrumação daqueles ambientes, sentiu-se satisfeita: tinha conseguido construir "casas", em parte (três quartos) de alvenaria... E que alvenaria! Quando é que aqueles pobres miseráveis poderiam sonhar em morar numa casa de alvenaria!

Mobilizando algumas pessoas que possuíam carroças e carrinhos de mão, ela organizou a mudança dos doentes que não podiam caminhar: ao todo eram cinquenta. Naquele dia, viu-se um formigueiro humano que reuniu, como se fosse uma corrente, as casas da Ilha dos Ratos com os arcos do Bonfim.

"Nosso Senhor do Bonfim certamente ficará contente em ter sob as suas asas protetoras essas pobres criaturas!", pensou Irmã Dulce.

Os redentoristas da colina tinham acompanhado a fervorosa execução de todas aquelas obras e balançaram a cabeça, sorrindo: "É Irmã Dulce!". Mas o prefeito da cidade, Wanderley Pinho, não pensava da mesma maneira e, de posse de um relatório completo de tudo o que havia acontecido, convocou-a.

Quando os dois se encontraram frente a frente, a irmã percebeu que ele estava muito contrariado. O diretor do 4º Centro da Saúde Pública tinha sido muito gentil. O prefeito, ao contrário, não quis ouvir explicações.

"A prefeitura gastou muito dinheiro para fazer com que a colina sagrada se tornasse um salão à altura do santuário da cidade. Fez com que se tornasse belo para que os turistas pudessem admirá-lo. A senhora, ao contrário, colocou ali as fezes desta cidade!" – disse o prefeito.

"Aqueles a quem o senhor chama de 'fezes' são nossos irmãos. Por que não encontramos uma acomodação adequada para eles?...", rebateu.

"Se daqui a uma semana a senhora não retirar aquela indecência, mando a polícia para tomar providências... E a senhora, com todo o respeito, não sairá dessa impunemente", interrompeu-a o prefeito, colocando, bruscamente, um ponto final no encontro.

Não tinha outra opção a não ser obedecer. Sua ação demonstrativa não havia surtido nenhum efeito. Aliás, servira apenas para atrair outros desesperados e muitos comentários:

"Que irmã é essa? Está sempre no meio da rua!"

"Que fique dentro do convento; do contrário, não devia ter pensado em ser freira..."

"O Círculo Operário não é suficiente para ela?"

"Por que dá tanta atenção àqueles miseráveis? Faz coisa demais!"

"Ajudá-la? E de que adianta! É como colocar água dentro de um cesto!"

Os abastados, aqueles que não desejam ser "incomodados", sempre existiram em todas as épocas e em todas as latitudes. O que, no entanto, mais aborrece é que além de não quererem fazer nada, também procuram impedir que os outros o façam, dando opiniões quase sempre muito críticas.

Irmã Dulce tinha consciência disso, mas não dava nenhuma importância. Estava convencida de que tudo o que fazia não era por uma obstinada vontade de princípio, mas porque acreditava piamente nas palavras do Evangelho.

Deixara escrito nesse particular:

> Muita gente acredita que não devemos dar aos pobres a mesma atenção que damos às outras pessoas. Para mim, o pobre, o doente, aquele que sofre, o abandonado, é a imagem de Cristo [...]. Se virmos o pobre com esses olhos, o seu exterior, o estar sujo, cheio de parasitas, com grandes chagas, não nos incomodará, pois na sua pessoa está presente o Cristo sofredor.
> Somente quem convive com o pobre pode compreendê-lo. Muita gente pensa que faço muito, que concedo muita atenção aos pobres, e me criticam por isso.
> Cada um de nós não gostaria de ser bem recebido, de ser bem tratado? E o pobre não possui o direito de ser bem acolhido, de receber todas as atenções espirituais e materiais? [...] Fazemos muito por eles? Eu pergunto: é muito o que fazemos por Deus? Ele não merece tudo de nós? Se o pobre representa a imagem de Deus – Estava nu e me vestiste, doente e me visitaste, com fome e me deste de comer (cf. Mt 25,35-36) –, então, pode ser demais aquilo que fazemos pelos pobres?

Estando imbuída dessa profunda convicção, podemos compreender por que a sua paciência com os pobres e os doentes era inexaurível e considerar episódios que chegavam aos limites da tolerância como completamente naturais.

Uma vez, preparava-se para dar sopa a um doente que havia recolhido na esquina de uma rua, completamente abandonado, e, depois da primeira colherada, ele cuspiu a sopa no rosto dela. Dulce, sem perder minimamente a paciência, deu-lhe uma outra colherada, dizendo: "A primeira era minha, mas a segunda é sua. Coma, que vai fazer bem para você".

***

No entanto, era necessário encontrar um lugar onde pudesse abrigar aqueles pobrezinhos que estavam sob os arcos do Bonfim. E, ainda dessa vez, a solução não demorou muito.

Em Itapagipe, perto da escola, havia um mercado abandonado, era o Mercado do Peixe. Por que não utilizá-lo?

Dito e feito: ela reuniu novamente o formigueiro humano e conseguiu acomodá-los melhor.

De acordo com a superiora e com as freiras e, considerando a disponibilidade das moças do Colégio Santa Bernadete, ela tomou também uma outra iniciativa que deveria aliviar a fome de muitas famílias indigentes de Massaranduba: foi a chamada obra do "quilo", pois cada família, de acordo com suas posses, uma vez por mês, oferecia um quilo de gêneros alimentícios para os mais pobres.

***

Por outro lado, a direção do Círculo Operário da Bahia, no início do mês de maio de 1941, de acordo com as manifestações nacionais pelo quinquagésimo aniversário da Encíclica *Rerum novarum*, de Leão XIII, promoveu uma convenção de cinco dias presidida pelo Professor Isaías

Alves de Almeida, secretário de educação e saúde, tendo como representante do interventor federal, Landulfo Alves de Almeida, em sua sede junto ao edifício Pax. Lembramos que nesse período da história do Brasil os Estados da Federação eram governados por interventores nomeados diretamente pelo Presidente Getúlio Vargas.

O movimento, composto de cinco mil sócios, em troca de apoio ao governo obtinha favores que iam desde o prestígio com o consenso do interventor até incentivos financeiros. Na realidade, no mês de novembro do mesmo ano, foram promovidas diversas comemorações pelo quarto aniversário do Estado Novo no Cine Pax, "das quais – como evidenciou a Imprensa – tomaram parte os representantes de vários sindicatos e sócios de inúmeras instituições". Naquela ocasião, a reunião foi presidida por Antônio Uchôa, delegado do trabalho, e os oradores foram os dirigentes máximos do Círculo: José Bastos, diretor, Agnelo Lima, presidente e, finalmente, o assistente eclesiástico, Frei Hildebrando. Todos se esforçaram para demonstrar os benefícios obtidos pelos trabalhadores brasileiros durante o governo de Getúlio Vargas.

Irmã Dulce aos dois anos.

A família. Da esquerda para a direita: Maria Rita (Irmã Dulce), Doutor Augusto Lopes Pontes (pai) com Aloysio, Augustinho, dona Dulce (mãe), com Geraldo ao colo, e Dulcinha.

Irmã Dulce aos dezoito anos.

Primeira foto após tornar-se religiosa.

Foi na favela dos Alagados, em 1935,
que Irmã Dulce iniciou sua obra de amor e compaixão.

A dedicação às crianças era incansável. Sempre que podia animava
as festinhas dos filhos dos associados do Círculo Operário da Bahia.

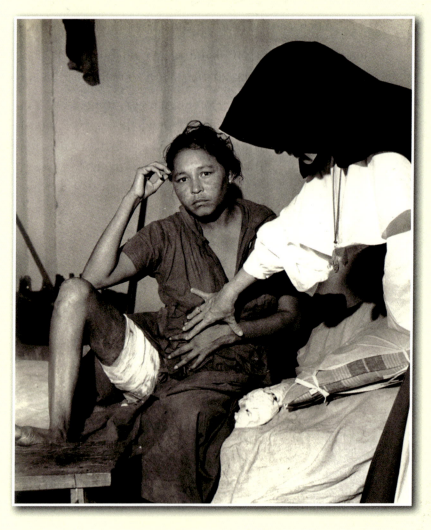

Para a "mãe dos pobres", não havia nem hora nem situação que a impedisse de socorrer quem lhe procurava.

Prédio do Círculo Operário da Bahia, instituição criada por Irmã Dulce na década de 1940 para assistência social e formação profissional de operários e suas famílias. Local onde, foi construída a Igreja da Imaculada Conceição da Mãe de Deus, que guardará o corpo do "anjo bom" do Brasil.

Com a sobrinha Maria Rita Pontes, que viria a substituí-la
à frente das Obras Sociais Irmã Dulce após sua morte.

Ajudar os mais carentes sempre foi o sentido da sua vida.

Cerimônia em homenagem aos 25 anos de vida religiosa de Irmã Dulce, no ano de 1959.

Doutor Augusto Lopes Pontes (pai),
presença constante em todos os momentos.

Irmã Dulce conduzindo o ato de inauguração
do Albergue Santo Antônio, em 1960.

As doações chegavam dos mais diversos locais, e Irmã Dulce fazia questão de recebê-las pessoalmente e com muito entusiasmo.

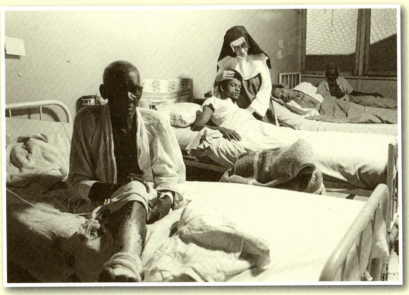

Gestos de ternura e proteção como este faziam parte do dia a dia de Irmã Dulce, quando visitava os doentes do Hospital Santo Antônio.

Através da música evangelizava e tocava o coração
dos desesperançados.

Uma das tarefas cotidianas de Irmã Dulce era sair pela cidade,
apoiada pelo povo, que sempre fazia questão
de ajudá-la como podia.

Admiração e carinho do povo ao "anjo bom" do Brasil.

"Três, três, passará, derradeiro ficará..." Amor e proteção nunca faltaram às crianças necessitadas que Irmã Dulce recolhia das ruas de Salvador.

"Deixai vir a mim as criancinhas." (Lc 18,16)

O encontro com Madre Teresa de Calcutá, nos Alagados, em 1979.

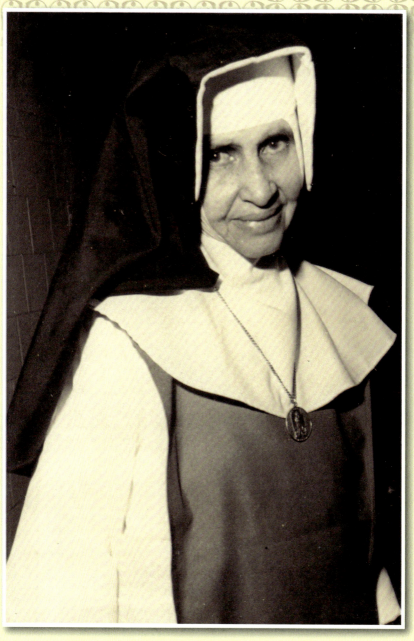
Sorriso dos anjos, sorriso do amor.

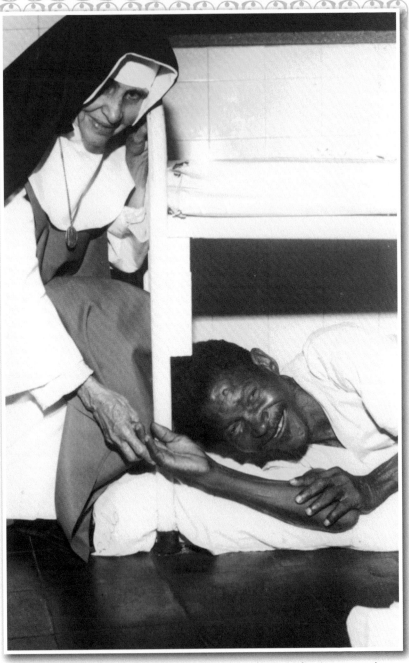

Nunca deixava de acolher quem precisava de assistência e, para isso, utilizava todos os espaços disponíveis do hospital.

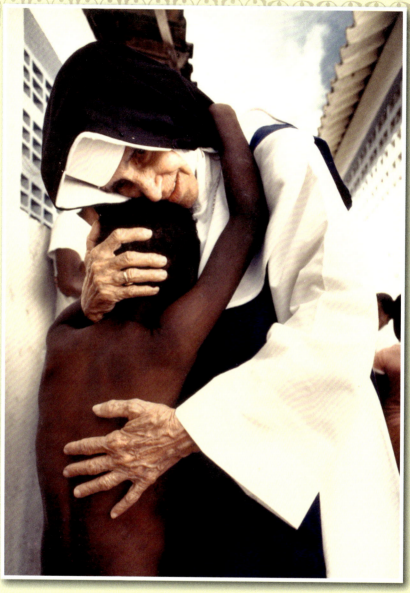

No aconchego materno, a certeza dos mais necessitados do amor incondicional de Irmã Dulce.

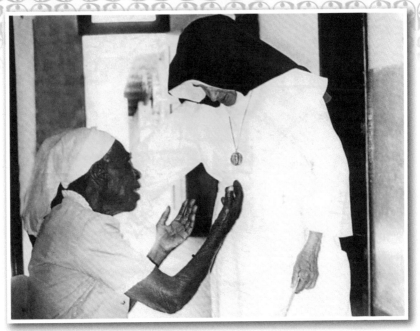

"Eu vi, eu vi a miséria do meu povo... Ouvi o seu clamor... pois eu conheço as suas angústias." (Ex 3,7)

Ao lado da sua irmã, dona Dulcinha, companheira fiel durante a sua missão de fé, para quem dizia repetidas vezes: "Somos dois corpos numa só alma".

O primeiro encontro com o Papa João Paulo II, em 1980.
Um momento de muita emoção.

Manifestação popular, representada por crianças de uma escola,
em prol da Campanha do Tijolo, destinada à ampliação do Hospital
Santo Antônio. A credibilidade com relação ao trabalho de Irmã Dulce
sempre foi atestada pelo povo baiano, que atendia aos pedidos
de doação para a melhoria das obras sociais.

... E a multidão acompanhou seu "anjo bom" até o sepulcro.

Na expressão das mãos, uma imensa saudade
(cortejo fúnebre, 14/03/1992).

Mãos que se estendem e acreditam no poder de intercessão da religiosa baiana.

A fé popular se manifesta em memória do "anjo bom" do Brasil (pequeninos do hospital da criança das Obras Sociais Irmã Dulce).

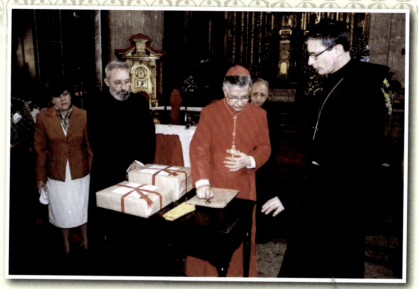

Cerimônia de encerramento da fase diocesana do processo de beatificação e canonização de Irmã Dulce (junho de 2001).

Irmã Dulce e Giselda Ortolano, da cidade de Americana (SP), atualmente curada de uma grave enfermidade por intercessão de Irmã Dulce.

Vista do interior da Igreja da Imaculada Conceição da Mãe de Deus, local onde ficará o corpo de Irmã Dulce.

Exposição em homenagem ao cinquentenário das Obras Sociais Irmã Dulce, em Fortaleza (outubro de 2009).
Fervor e admiração também dos religiosos.

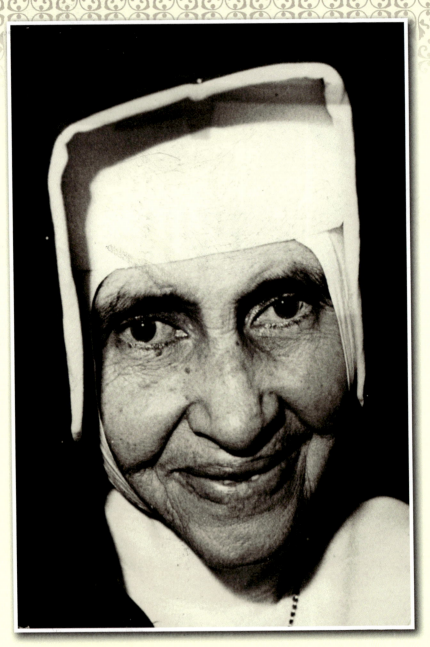

"Se fosse preciso, começaria tudo outra vez, do mesmo jeito, andando pelo mesmo caminho de dificuldades, pois a fé, que nunca me abandona, me daria forças para ir sempre em frente."

Irmã Dulce

Capítulo 10

A CONTRIBUIÇÃO DE BENFEITORES

Nesse meio-tempo, o mundo tinha pegado fogo de verdade: desde a Europa até o Japão, o vento da guerra alimentava o incêndio. Seria desnecessário mencionar as repercussões que o conflito acarretou em termos de sofrimento, mortes e miséria. No entanto, para seguir o rumo da nossa história, faz-se necessário relembrar alguns episódios.

Na manhã do dia 7 de dezembro de 1941, os japoneses atacaram a frota americana sediada em Pearl Harbor (Havaí), no Pacífico, e, cinco dias depois, a Itália e a Alemanha declararam guerra aos Estados Unidos: o fogo estava atravessando também o Atlântico.

A essa altura, os Estados Unidos fizeram uma forte pressão sobre a América do Sul, em particular sobre o Brasil, para que assumisse uma posição definida com relação ao conflito.

Getúlio Vargas, até então simpatizante e imitador de Mussolini, posicionou-se a favor dos Aliados (Inglaterra, URSS, França e Estados Unidos), ficando contra o Eixo: Itália, Alemanha e Japão.

O Brasil entrou na guerra ao lado dos Aliados e enviou à Europa uma expedição com cerca de 25 mil soldados. A revanche alemã não tardou: em fevereiro de 1942, alguns navios mercantes brasileiros foram afundados no Atlântico. O país ficou profundamente abalado com o ocorrido e, a partir do dia 12 de março, realizaram-se diversas manifestações contra os nazifascistas.

O clima de tensão aumentou consideravelmente em agosto, quando se registraram os naufrágios de outros cinco navios mercantes e também com a consequente declaração de guerra por parte do Brasil. O ódio contra as potências do Eixo se transformou em xenofobia, em particular contra os alemães: os jornais alertavam para que ninguém confiasse nos alemães que declarassem não ser nazistas.

Essa situação deixou, no Brasil, o Círculo Operário em sérias dificuldades. No final do mês de setembro, "foram promovidas diversas reuniões extraordinárias com a finalidade de retirar dos seus quadros todos aqueles que tivessem qualquer tipo de relação com os países do Eixo". A estreita ligação entre o Círculo e a comunidade franciscana, na sua maioria constituída por alemães, entre os quais o próprio Frei Hildebrando, representava o obstáculo maior.

O Círculo, como todo o movimento "circulista", era fortemente anticomunista e, por isso, transformou-se num evidente alvo das esquerdas, que se aproveitaram da mudança de rota do governo para lançar o descrédito sobre os seus representantes mais importantes: em Salvador, principalmente, sobre Frei Hildebrando.

Além disso, levando em consideração uma circular na qual o arcebispo primaz pedia que os alemães deixassem a direção das instituições religiosas para evitar que fossem feitas investigações ou distorções, Frei Hildebrando decidiu afastar-se, temporariamente, de todo o movimento "circulista" até que a situação se normalizasse. Assim, nomeou para ocupar seu lugar como assistente eclesiástico um brasileiro, Frei Joaquim da Silva.

No entanto, o movimento baiano conseguiu sobreviver sem sofrer excessivos prejuízos durante o período da guerra; pelo contrário, no dia 22 de julho de 1946, o Círculo Operário conquistou o ambicionado reconhecimento na categoria de ente de "utilidade pública", que facilitou a obtenção de financiamento público. Em seguida, foi reconhecido como "instituição sem fins lucrativos", e isso garantiu a isenção de impostos e da cota do empregador ao Instituto Nacional de Seguridade Social.

Isso foi possível por duas razões independentes e, ao mesmo tempo, concomitantes: a direção do Círculo pôde apoiar as autoridades governativas, independentemente da sua posição política; por outro lado, Irmã Dulce, atuando fora de qualquer lógica partidária e política, com a sua ação caridosa indiscriminada, havia assumido uma posição de forte peso na sociedade baiana.

Naquele ano, a sua congregação passou a alojar-se no convento Santo Antônio, próximo ao Largo Roma. O limite entre o convento e o largo era demarcado por um terreno chamado "roça do coronel", que pertencia à família Muniz Sodré. Irmã Dulce gostava muito do lote e queria construir ali a nova sede do Círculo Operário. Falou sobre o assunto com Frei Hildebrando. Ele também gostava do local pela posição e amplitude... Mas e o dinheiro?

Depois de longas negociações, os proprietários dispuseram-se a vendê-lo. O preço era alto, mas não era uma soma inviável. A grande capacidade de Irmã Dulce para convencer os benfeitores a contribuir foi o trunfo nessa partida que se delineava dura, fosse pelo momento difícil, fosse pelo fato de o frade ter sido colocado, forçosamente, fora do jogo. E, aqui, a jovem Dulce – com apenas trinta e dois anos – demonstrou ter grandes habilidades empresariais e um aguçado bom senso.

Poucos sabiam que a força daquela freirinha estava na oração e, principalmente, no jejum. Fortificada pela comunhão diária, ela podia se apresentar tanto para pedir uma esmola para os seus pobres quanto para solicitar um grande financiamento para o Círculo Operário.

Acontecia, então, que ela lançava mão de tudo e, um dia, ao entrar numa loja, pediu: "O senhor pode me dar alguma coisa para os meus pobres?", e estendeu a mão. Como resposta, o homem lhe deu uma cusparada.

Dulce não se perturbou; ao contrário, ela respondeu-lhe com tranquilidade: "Meu senhor, isso é para mim... Agora, dê alguma coisa para os meus pobres".

O homem olhou-a atônito, mas, para não deixar transparecer o seu embaraço, reagiu com violência: "Saia daqui imediatamente!".

Dulce ofereceu aquela humilhação a Jesus crucificado e agradeceu-lhe.

Tempos depois, o comerciante se arrependeu e se tornou um de seus benfeitores.

No entanto, dentro do seu coração fervia outra preocupação: era preciso fazer a escritura pública do terreno para o Círculo Operário e o dinheiro disponível não chegava à metade do que era necessário para saldar a dívida.

O interventor do estado da Bahia, Renato Pinto Aleixo, encontrava-se em casa. Dulce era uma das poucas pessoas que não precisavam nem marcar hora nem se apresentar somente na sede do governo para falar com ele. O governador estava sentado à mesa tomando café. Dulce aproximou-se dele e, sem maiores formalidades, disse: "Meu padrinho, eu tive um sonho esta noite".

Divertido, ele lhe respondeu: "Ah! Sim? E o que foi que sonhou?".

"Sonhei com o senhor, meu padrinho."

"Comigo?", exclamou o homem.

"Sonhei que o senhor me dava uma pedra de presente."

"Ah!, se é só isso, está bem! Eu lhe dou a pedra", dissera o interventor rindo.

Irmã Dulce olhou para ele e sorriu: "Sim, mas existe um senão, meu padrinho".

"Qual?"

"A pedrinha custa 80 contos de réis!"

O interventor balançou a cabeça e, irônico, respondeu: "Então, houve realmente um engano da sua mente".

"Como? Quer dizer que o senhor não pode nos ajudar?", prosseguiu Dulce preocupada.

"Eu não disse isso."

"E então?"

"O sonho a enganou, porque a pedrinha vale 100 e não 80 contos de réis; mas se a senhora preferir uma de 80, não tem importância!", e começou a rir.

Dulce saiu pela rua com o passo apressado e o coração em festa, agradecendo ao Senhor pelo enorme valor que ele atribuíra àquela cusparada recebida pela manhã.

Dessa maneira, tinha em seu poder a metade do dinheiro. Batendo em várias portas já tinha quase alcançado a soma, mas ainda faltavam 15 contos de réis, que ela não conseguia arranjar. Estava cansada, quase desencorajada: rezava havia diversos dias para Santo Antônio e para os seus infinitos protetores terrenos. Nada! Aquela soma parecia encantada.

Depois de mais um dia sem conseguir nada, decidira fazer uma visita à sua madrinha, Dona Úrsula Catharino. Em casa, encontrou somente a irmã Dona Almerinda, que, ao vê-la assim tão fraca, quis saber quais eram os problemas que a atormentavam e tentou consolá-la. A certa altura, Dulce desmaiou. Quando voltou a si, Dona Almerinda deu-lhe uma xícara de leite. Dulce sentia-se ainda atordoada, mas, assim mesmo, se despediu. Na porta, a mulher colocou um envelope no seu bolso, dizendo-lhe: "Compre qualquer coisa para você".

Ao chegar em casa, Irmã Dulce abriu o envelope e encontrou os 15 contos de réis!

Dessa maneira, o terreno foi comprado depois de Frei Hildebrando ter convocado o jovem engenheiro Norberto Odebrecht, cuja família possuía uma firma de construção. Ele lhe mostrara a escritura do terreno, convidando-o a desenvolver um projeto que deveria englobar a construção de um cinema e dos diversos ambientes que iriam constituir a nova sede do Círculo Operário. Alguma coisa de grandiosa. O jovem, no entanto, sabia que o frade encontrava-se em situação muito difícil: como ele poderia arcar com aquelas despesas que, sem dúvida alguma, seriam bastante altas?

Para tranquilizá-lo, Frei Hildebrando lhe dissera: "Depois o senhor resolve isso com a Irmã Dulce".

E, assim, iniciaram-se as obras no Largo Roma. O engenheiro e a irmã prepararam um plano financeiro de aproximadamente 8 mil contos de réis c, já que não dispunham de dinheiro em espécie, assinariam promissórias semanalmente como pagamento das despesas feitas. O plano pôde ser concretizado, graças à amizade com o gerente do banco.

Todos os dias, Irmã Dulce, além das orações comunitárias, costumava recitar o ofício da *Via crucis*. Era uma devoção que parecia adequar-se à sua ação em relação àqueles pobrezinhos que nela encontravam a sua única protetora. Depois da "estação" das casas vazias, dos arcos do Bonfim, do Mercado do Peixe, delineava-se uma outra... E onde?

O mercado parecia a melhor solução. Havia o espaço e aqueles pobres desvalidos já chegavam a setenta. Eram doentes crônicos, frequentemente abandonados, até mesmo pelos parentes. Dulce, contando com a colaboração de Florentina, de algumas freiras, de algumas moças, do Doutor Bernardino Nogueira, ao qual se juntara, e do Doutor Edgar Mayer, irmão de uma das colegiais que eram suas admiradoras do Colégio Santa Bernadete, conseguia tranquilamente manter o compromisso, por intermédio das esmolas, mas, principalmente, das ofertas generosas *in natura* feitas pelos feirantes que vinham vender seus produtos na feira de Água de Meninos.

Quando ia à feira, não deixava nunca de pegar algum "capitão da areia", como eram conhecidos os meninos de rua – alusão aos personagens do livro *Capitães de Areia*, de Jorge Amado –, e, com a desculpa de ser ajudada, procurava carregá-lo junto a si.

No entanto, o Mercado de Peixe também começava a incomodá-la. Mais uma vez encontrara pessoas que a criticavam. Mais uma denúncia foi feita às autoridades. Seria esta a última "estação" daquela sua *Via crucis*?

O Prefeito Wanderley Pinho tinha mandado chamá-la e, com a brusquidão de costume, deu-lhe um prazo, dessa vez um pouco maior. Irmã Dulce suspirara aliviada, mas o destino daquelas pobres criaturas permanecia como uma preocupação constante: para onde levá-las sem correr o risco de ter que mais uma vez desalojá-las?

As frentes às quais tinha de responder eram múltiplas e os dias passavam rapidamente: o prazo estipulado pelo prefeito, por maior que fosse, já se esgotara havia muito tempo. E, certo dia, ao voltar para casa, Dulce havia encontrado um policial que viera queixar-se com a superiora, Irmã Joana, entregando-lhe uma nova convocação.

O prefeito usara poucas palavras: "Providencie imediatamente ou providencio eu com a força pública".

Em vez de voltar para o Colégio Santa Bernadete, preocupada, Irmã Dulce foi ao convento Santo Antônio, próximo ao Largo Roma, onde fora construído o canteiro para a construção da sede do Círculo Operário. Cumprimentara a superiora, Irmã Gaudência, e as demais freiras; em seguida, como que empurrada por uma mão invisível, foi dar num jardinzinho adjacente, que se tornara o vasto reino das galinhas.

Pôs-se então a observá-las: de repente, olhou a seu redor e começou a correr como se participasse de uma corrida de velocidade. Entrou como um raio no convento, dando com a Irmã Gaudência no corredor.

"Madre, madre", disse quase sem poder respirar, "me dá o galinheiro?"

"O quê?", perguntou a superiora estupefata.

"Se a senhora me der o galinheiro, naturalmente, junto com o jardinzinho – porque só com o galinheiro o que eu posso fazer?... Enfim, se a senhora me der aquele espaço, eu coloco... depois eu vou perguntar... depois eu faço vir...", e, enquanto raciocinava como se estivesse estudando um jeito de arrumar as coisas, Irmã Gaudência a observava com os olhos arregalados.

Quando ela terminou aquela reconstrução mental, percebeu que a superiora e as freiras, que tinham vindo ver o que estava acontecendo, olhavam-na sem compreender o que queria dizer.

"Aqui eu coloco os meus pobres doentes", concluiu.

Irmã Gaudência pensou por um minuto, depois olhou para as outras: todas fizeram um sinal positivo. "Está bem", disse.

Dulce, como uma menina em festa, pulara no seu colo e a abraçara, em meio a um pranto de alegria.

A superiora, para disfarçar a comoção, saiu-se com a pergunta: "Mas onde vamos colocar as galinhas?".

"Deixe comigo, madre", respondeu Dulce; e pediu para telefonar ao pai.

"Paizinho, vá até o prefeito e peça-lhe que tenha paciência e espere mais três dias. Só três dias... Três dias, por favor. Sim, dê-lhe a sua palavra. Eu te dou a minha."

Combinou com a irmã cozinheira para matar todas as galinhas e preparar um caldo; em seguida, foi correndo até o canteiro de obras próximo. Perguntou pelo engenheiro e pediu-lhe que destacasse um grupo de operários para limpar o galinheiro, construir um teto e tornar o ambiente habitável.

Foi até o carpinteiro... ao vendedor de cobertas... rodou novamente pelas turmas da escola Santo Antônio e pediu a cada aluno que lhe levasse tudo que pudesse ser reaproveitado: pedaços de madeira... colchões... até mesmo copos.

Implorou a duas freiras que fossem ao Mercado do Peixe para anunciar a todos que se preparassem para a mudança. Assim, aqueles que tivessem carrinhos de mão e automóveis... Enfim, naqueles três dias o movimento foi maior que o de costume.

E, mais uma vez, formou-se o formigueiro humano entre o Mercado do Peixe e o ex-galinheiro do convento Santo Antônio. O galinheiro foi o primeiro núcleo que veio a se constituir no atual conjunto hospitalar.

Feito o balanço final, dispunha-se de cinco lâmpadas de querosene, cinco baldes, meia dúzia de toalhas, uns setenta lençóis, uma dezena de cobertores, uns setenta colchões de crina, com os leitos armados sobre suportes de madeira para os sessenta doentes, alguns dos quais em péssimas condições, sofrendo de câncer, tuberculose, gangrena e anemia... que ninguém se dispunha a acolher ou tratar..

Ela conseguira criar dois ambientes: num deles colocou as mulheres e no outro os homens. "Agora poderão ficar em paz, esses pobrezinhos!", disse para si mesma.

Durante as obras, ela vira uma barraca abandonada que se encontrava defronte, além da rua. Não podia colocar os seus meninos de rua com os doentes e os velhos! Aproveitando-se das circunstâncias, fez aumentar aquela barraca e, com algumas prateleiras, colchões e um ou outro utensílio, tornou-a habitável.

Também os meninos tinham a sua casa!

Capítulo 11

MAIS UM COMBATE VENCIDO

No dia 12 de janeiro de 1947 comemorava-se o décimo aniversário da fundação do Círculo Operário da Bahia. Folheando os jornais, podia-se ler:

> O Círculo Operário da Bahia (COB) é a associação operária mais numerosa do estado, pois reúne nos seus quadros mais de treze mil associados. Com a arrecadação da contribuição mensal de um cruzeiro, a ajuda da comunidade franciscana e de outras pessoas amigas, o COB mantém um serviço completo de assistência para os seus sócios.
> Quarenta e cinco funcionários prestam todo o seu esforço à nobre causa, entre os quais 3 médicos, 4 dentistas, 16 professores primários, 4 mestres de corte e costura, 3 enfermeiros. Além disso, o COB mantém uma farmácia própria, escolas profissionalizantes, uma Caixa Mútua de Beneficência, um salão de recreação e biblioteca.
> O COB, espelhando-se em um passado glorioso, visa, contudo, a um futuro ainda mais promissor com a construção e a inauguração da sua nova sede no Largo Roma, a futura Praça da Bandeira. É um edifício gigantesco de beneficência operária que o COB está levando a cabo [...] para a grande massa operária dos bairros da península de Itapagipe e de toda a cidade de Salvador. Não com os próprios recursos, pois a contribuição mensal dos associados é de apenas um cruzeiro, mas pedindo de porta em porta que esse edifício foi construído até hoje, e confiando na proteção de Santo Antônio, pai dos pobres e padroeiro da obra. Os dirigentes, a comunidade franciscana e, especialmente, a grande pioneira e fundadora do COB, a reverenda Irmã Dulce Lopes Pontes, esperam terminar com sucesso a obra iniciada.

Presentes às manifestações realizadas no edifício Pax, no centro de Salvador, estavam o interventor, os representantes do governo, as autoridades eclesiásticas, civis e militares. Todos os pronunciamentos foram transmitidos pelo rádio. O balanço das atividades e dos serviços efetuados foi decididamente positivo.

***

O "diário de casa" do Colégio Santa Bernadete traz uma anotação significativa. Diz:

> No mês de julho deste ano [1948], a nossa caríssima Irmã Dulce recebe o bastão de superiora da nova Casa de Santo Antônio. No dia 16, juntamente com a Irmã Hilária, iniciam uma nova comunidade, filha primogênita do nosso Santa Bernadete. Sua dedicação e caridade sem limites farão com que ela se torne digna de tudo aquilo que se espera dela. Deixa uma grande saudade.

A tristeza das freiras e das moças do colégio não durou muito tempo, pois Irmã Dulce possuía uma grande capacidade de persuasão. Diversas moças que na época haviam colaborado com Irmã Dulce nas suas diversas iniciativas de caridade tornaram-se, depois, freiras da congregação.

No convento Santo Antônio, Dulce, por sua vez, encontrava-se envolvida por três atividades que começavam a tomar corpo. O convento estava situado entre o ex-galinheiro, onde estavam os seus amados doentes, e o canteiro para a construção do grandioso conjunto da Beneficência Operária, enquanto defronte se encontrava o barracão que abrigava os meninos de rua.

Tudo aumentava: os doentes crônicos internados, os necessitados de assistência e de remédios, os jovens recolhidos na Estação de Calçada, na feira de Água de Meninos, ou simplesmente pelas ruas, bem como os edifícios da nova sede do Círculo Operário da bahia, que compreendiam o cine Roma, escolas, consultório médico, salas para aprendizes, farmácia, salas de reunião. E com tudo isso cresciam, inevitavelmente, as dívidas.

Na direção do Círculo Operário, tanto Frei Hildebrando quanto Irmã Dulce tinham plena consciência de que os débitos seriam pagos, mas a direção não possuía a capacidade de angariar os recursos: Frei Hildebrando estava fora de cogitação, restando apenas Dulce.

Assim, os industriais foram solicitados a fazer suas doações e contribuições. Dentre eles destacaram-se Eduardo Martins Catharino, um entusiasta e incentivador do Círculo desde o seu início, os comerciantes e a alta sociedade baiana ligada a Frei Hildebrando. Foram promovidos pescas e sorteios de toda espécie. Mas a campanha conseguiu arrecadar apenas os fundos para cobrir um terço dos débitos.

A inesperada transferência do diretor do banco, com o qual Irmã Dulce e o engenheiro Odebrecht haviam estabelecido aquele tipo de transação, foi como uma ducha de água fria, pois o novo diretor simplesmente se recusou a dar prosseguimento ao acordo efetuado.

Preocupado, o engenheiro entrou em contato com Frei Hildebrando, que o tranquilizou dizendo que Irmã Dulce iria ao Rio de Janeiro para pedir empréstimos e que "voltaria quando tivesse encontrado uma solução". E assim foi. Dulce viajou ao Rio de Janeiro e conseguiu obter um empréstimo de 3 milhões de cruzeiros do Instituto dos Industriários.

Apesar de todas as dificuldades, a inauguração de pelo menos dois setores "produtivos" (cinema) e de grande utilidade (ambulatório) do edifício da Beneficência Operária foi marcada para o final daquele ano de 1948. No entanto, surgiu uma ocasião que, de qualquer maneira, poderia agilizar a causa: a visita, a Salvador, do Presidente da República, o General Eurico Gaspar Dutra.

As duas "almas" do movimento moveram-se de acordo com as suas especificidades: a direção do Círculo envolveu inteiramente os quadros dos associados. Aliás, a contribuição deles foi de tal ordem que chegou a impressionar o presidente, mas todos confiavam muito no papel que Irmã Dulce iria desempenhar e naquilo que ela seria capaz de inventar.

Dulce, surpreendentemente, posicionou-se diante da rampa do Santuário do Bonfim com aproximadamente trezentas crianças e jovens, todos eles seus "filhos espirituais": ali estavam filhos de operários, meninos de rua e jovens das favelas de Massaranduba e de Alagados.

Quando o cortejo com o automóvel do presidente chegou, ele foi rodeado, ficando impedido de passar.

"Quem é aquela irmã?", perguntou Dutra ao ministro da Fazenda, o baiano Clemente Mariani, que o acompanhava.

Mariani informou-o brevemente. Curioso, o presidente fez com que Dulce se aproximasse para falar com ela. A conversa limitou-se apenas a algumas perguntas e respostas.

Pouco depois, todos puderam ver o presidente, juntamente com a freira e rodeado por toda aquela multidão de jovens, ir a pé em direção ao Largo Roma.

Dulce fez o papel de anfitriã da casa, mostrando-lhe o novo centro que estava para ser inaugurado – ou melhor, improvisou uma espécie de entrada inaugural –, as iniciativas promovidas, a atividade que vinha sendo efetuada.

O presidente ficou muito bem impressionado. Ele não conseguia entender como aquela freirinha pequena e frágil fosse capaz de tanto.

Nesse momento, a grande habilidade de Dulce, baseada na sua simplicidade e na sua capacidade de fazer vibrar as sutis cordas do sentimento, manifestou-se: "Senhor presidente, além da minha família, tenho uma outra muito grande. O Doutor Otávio Mangabeira [então governador da Bahia] é um bom pai".

"Nesse caso, cara irmã, sou seu pai duas vezes e, portanto, seu avô", respondeu o presidente sorrindo.

"Um avô rico, muito mais rico do que o pai, que é um pobre", interveio mangabeira.

Então, com a simplicidade de uma menina, Irmã Dulce avançou: "Caro avozinho, sua neta está muito endividada e precisa de seis milhões e quinhentos cruzeiros".

A essa altura, o presidente acenou para o ministro Clemente Mariani e pediu-lhe que tomasse providências para atender o pedido de Irmã Dulce. O deputado federal, o baiano Juracy Magalhães, foi encarregado de apresentar o projeto de financiamento ao Senado, a fim de que se obtivesse a soma necessária para o pagamento da dívida. O financiamento foi obtido com a aprovação do Senado na sessão do dia 30 de março de 1950.

Aquele foi um encontro importante para Dulce, porque, de qualquer maneira, havia conseguido encontrar o meio de livrar-se do débito maior e atraíra a atenção do presidente da

República para a instituição. Importante também porque o Cônsul Hélio Cabral, secretário particular do general Dutra, oferecera-se, espontaneamente, para acompanhar a iniciativa na solicitação que seria encaminhada ao Senado. E, naquele encontro, o professor Pereira Lyra, chefe da Casa Civil do presidente, propusera, por sua vez, a inauguração de um serviço de alimentação para as operárias no edifício da Beneficência Operária, projeto que muito interessava a Dulce.

Depois desse acontecimento inesperado e providencial, podia-se suspirar de alívio. Assim, com um espírito de maior tranquilidade, no sábado, dia 28 de novembro de 1948, às 20h, foram inaugurados o cine Roma e uma boa parte dos ambientes do novo edifício da Beneficência Operária da Bahia, na presença do governador do estado, do prefeito e dos representantes da base naval, do Banco do Brasil, do Banco Econômico, dos Sindicatos dos Trabalhadores Baianos, da Congregação Mariana de São Luiz, da Congregação das Irmãs Missionárias, dos franciscanos e dos industriais.

Após a bênção do edifício efetuada pelo assistente eclesiástico, Frei Edilberto Dinkelborg, ofm, o presidente do Círculo, Jacintho Manoel dos Anjos, tomou a palavra e destacou a satisfação dos operários e dos "circulistas" com a obra e suas finalidades. Fez questão de agradecer aos benfeitores, à preciosa ajuda das Irmãs Missionárias, da senhorita Dulce Maria de Souza Brito Lopes Pontes. Em nome dos operários, falou o trabalhador Raphael cesar de Oliveira, que entoou um verdadeiro hino "à dedicação da Irmã Dulce para com os pobres, assim como para com os operários e, particularmente, para com os circulistas".

Em seguida, Irmã Dulce subiu ao palco, onde recebeu uma ovação.

Suas palavras foram dedicadas a todos aqueles que, generosamente, haviam cooperado para aquela magnífica obra, e fez questão de citar, um por um, todos os nomes: agradeceu aos comerciantes da Bahia, ao Governador Otávio Mangabeira, aos dois ex-interventores Renato Aleixo e Cândido Caldas, ao Desembargador Bulcão Vianna, ao Presidente Gaspar Dutra, ao Professor Pereira Lyra e ao Cônsul Hélio Cabral. Mencionou também as irmãs franciscanas e as suas coirmãs. Fez referência aos auxílios e à dedicação à causa demonstrada pela família Catharino Meireles, em particular de Dona Almerinda Martins Catharino. Terminados os agradecimentos, dirigiu-se aos sócios.

"Empresas como essas" – disse – "só podem ser idealizadas e realizadas se nos reunirmos em torno a um ideal, se tivermos fé e, principalmente, amor a Deus, ao Brasil, ao trabalho e ao próximo."

Finalmente, ela concluiu com uma pitada de ironia: "Que os benfeitores, a quem eu nunca conseguirei agradecer completamente, não se sintam completamente seguros: haverá ainda outras ocasiões em que bateremos às portas dos seus corações generosos para pedir mais ajuda".

O aplauso, longo e sincero, foi acompanhado por uma grande comoção.

"Dá-lhe força, Senhor, para que reproduza tanto a tua santidade, e faze aparecer outras Irmãs Dulces, assim frágeis e fortes, capazes de conduzir, elevando a alma do próximo, a milhares no teu Reino", lia-se em um artigo de jornal alguns dias depois (*A Tarde*, 3/12/1948).

A impressão suscitada pela majestade e amplitude do novo edifício e pela assistência médica e profissional articulada que se conseguia fornecer levou a imprensa a fazer reportagens especiais sobre Irmã Dulce.

A opinião pública era solicitada a emitir um juízo sobre ela: para alguns era uma santa e, para outros, a encarnação da vitória dos mais puros sentimentos humanos, um anjo da guarda e uma combatente incansável.

Ela ria de tudo isso... Queria que falassem das obras para que elas pudessem crescer. Mas, quanto a exaltar sua pessoa, mantinha-se irredutível.

No primeiro dos três artigos sobre "O Círculo Operário: um posto avançado de assistência social na Bahia", escritos por Raymundo Matta, lemos, de fato:

> A história de Irmã Dulce merece ser contada de maneira particular, como um digno exemplo que honra o Cristianismo e, se a sua ordem religiosa lhe impõe modéstia, fazendo com que se torne impessoal a obra grandiosa que está realizando entre nós, a ponto de nos proibir de falarmos da sua pessoa, o jornalista não pode escapar ao desejo de apresentá-la, rapidamente, correndo o risco mesmo de aborrecê-la, traçando na sua figura simples e caridosa o ideal de toda uma vida que é a ambição permanente de milhares de outras irmãs espalhadas pelo mundo inteiro. Irmã Dulce é, antes de tudo, um símbolo e, para nós, baianos, um orgulho (*Diário de Notícias*, 20/7/1949).

Capítulo 12

DEDICAÇÃO CADA VEZ MAIOR ÀS QUESTÕES SOCIAIS

Na grande estrutura do Largo de Roma, o Círculo Operário colocara em funcionamento o Cine Roma, no qual os sócios pagavam meia-entrada, a escola primária e ginasial, os cursos profissionalizantes de música, de arte culinária, de corte e costura, de datilografia e economia doméstica, além dos ambulatórios com consultórios dentários e raios X, farmácia e distribuição de remédios: tudo completamente gratuito para os operários e para as suas famílias. Funcionavam também a Caixa de Mútuos e Empréstimos, a assistência sindical.

Naturalmente, Irmã Dulce empenhava-se em que mesmo os inúmeros pobres não sócios tivessem assistência médica gratuita e recebessem remédios.

O Círculo, depois de ter liquidado as dívidas contraídas para a edificação do centro no Largo Roma, podia contar com a receita proveniente das cotas mensais dos operários – de apenas um cruzeiro! –, mas, principalmente, com as doações que Dulce conseguia obter e, também, algum subsídio estatal. De acordo com o que fora idealizado por Frei Hildebrando para a Congregação de São Luiz e levado para o Círculo Operário, os cinemas constituíam um elemento de diversão e, ao mesmo tempo, de entrada garantida. Assim, a direção projetou a realização de outras duas salas cinematográficas (Plataforma e São Caetano).

Em 1949, por ocasião do 25º aniversário da sua chegada ao Brasil, o Frei Hildebrando tinha voltado a assumir a assistência eclesiástica do Círculo Operário. O Presidente Dutra, por solicitação de uma comissão especial de personalidades baianas, concedeu-lhe a cidadania brasileira. Com isso, delineava-se um período de grande desenvolvimento para o Círculo.

Ao analisar a obra e o serviço realizado pelo Círculo, foi dito que, mais do que de "Círculo Operário", seria preciso falar de "Círculo para os Operários", devido ao forte caráter assistencial dado ao movimento.

O fato, por um lado, foi atribuído à Irmã Dulce que, exatamente no período de afastamento forçado de Frei Hildebrando, teria, com sua forte personalidade e sua ação, influenciado a destinação do Círculo. Sem dúvida alguma, Dulce possuía uma mentalidade prática e muito pouco teórica, isenta de qualquer tendência político-partidária e ideológica. Seu objetivo era apenas um: viver de maneira radical o ideal caridoso cristão de ajudar aos necessitados, imediatamente e da maneira mais eficaz.

Eis uma sua declaração emblemática:

> Miséria é falta de amor entre os homens. Deus não gosta dos insensíveis. O problema é estrutural, pois as pessoas, individualmente, ajudam, como fizeram até hoje comigo. Eu não entro na área política, não tenho tempo para me ocupar com as implicações partidárias. O meu partido é a pobreza. Eu só não gosto quando usam o meu nome para conquistar simpatias. Isto prejudica o meu trabalho (Revista *Manchete* de 1983).

Os outros, no entanto, isto é, Frei Hildebrando e numerosos componentes da direção do Círculo, mesmo tendo objetivos de grande alcance social e político teoricamente, na prática não se separavam do assistencialismo, já que este era parte integrante da sua mentalidade. Não fosse assim, o retorno do frade alemão à direção do Círculo teria deslocado ou, pelo menos, dirigido a ação para uma forma de maior sindicalização do movimento, e ele teria combatido em prol do reconhecimento dos direitos dos trabalhadores.

É oportuno abordar o assunto, pois a questão surgiu imediatamente após a publicação de um artigo muito crítico, escrito por Frei Gil de Almeida Bonfim, ofm. Este chamava a atenção para o fato de que, na realidade, o desejo de constituir um "movimento operário cristão" para fornecer uma alternativa aos movimentos anarquista ou comunista acabara se tornando um movimento de assistência, pouco sindicalizado, que não tinha levado a nenhuma mudança dentro das fábricas.

Frei Gil definira a assistência social fornecida pelo "circulismo" – e, assim, também a do Círculo Operário da Bahia – como "um meio de prudência do capitalismo e da burguesia diante do perigo de perder o seu poder. Um meio apostólico do catolicismo diante do perigo para as almas. E um expediente do Estado diante das tremendas responsabilidades que carregava sobre os ombros".

O frade foi o primeiro eclesiástico que teve a coragem de encarar o problema de forma direta, afirmando: "A assistência social não ataca os males sociais na raiz; não afronta as causas, que são, em primeiro lugar, a desordem das estruturas, a injustiça radical do regime econômico, a ruptura dos quadros normais da vida, o desequilíbrio das pessoas e das coletividades, a mediocridade humana generalizada, o materialismo".

Naturalmente, ele não se abstém de atacar diretamente as causas que, na sua opinião, determinam a reviravolta "negativa" no "circulismo", criticando veladamente também a obra do Círculo Operário da Bahia:

> A maior parte dos fundadores ou presidentes dessas obras sociais, católicas ou não, para poder fundá-las ou mantê-las, recorreram aos ricos que são capitalistas, seja no início, seja durante (a sua atividade) [...]. Esses mesmos ricos, ao praticarem aquela ação generosa na aparência, apresentam-se, depois, justificados por ela, homens probos e caridosos. Continuam, no entanto, a pagar aos operários o mesmo salário de fome. [...] Os representantes da Igreja, acontentados pelos capitalistas com aqueles donativos, ficam calados diante das injustiças praticadas para não afastarem os benfeitores. Aquela esmola foi colocada em nossa boca de modo que não pudéssemos falar nem agir.

E concluía dizendo que tais obras sociais estavam sendo depreciadas aos olhos dos trabalhadores, que as consideravam "vergonhosas conivências com os capitalistas [...], não depositando nenhuma confiança nelas". Por outro lado, a assistência social seria sempre uma necessidade para "os inválidos, os cegos, os portadores de deficiência, os órfãos e todos aqueles que não podem trabalhar, mas não deveria ser mantida como se fosse necessária também para a classe operária" (cf. Fragoso, p. 37).

Tais observações tinham causado certo tumulto, mas depois não surtiram nenhum efeito sobre o Círculo Operário, pois, como diz o provérbio, a teoria, na prática, é outra.

O Círculo, como todos os outros movimentos análogos, estava com as mãos atadas: tendo recebido a ajuda do patronato – como justamente observara Frei Gil –, não podia manter nenhuma ação efetiva em defesa dos direitos dos trabalhadores; e também havia o Presidente Dutra, a quem se devia reconhecimento pelo substancioso auxílio recebido para saldar as dívidas. No entanto, alguma coisa que ia além dessas razões devia permanecer na conta dos débitos. O governo de Dutra concedia escassa liberdade sindical: apesar do direito à greve ter sido restabelecido, as limitações para o seu exercício eram tantas que tornavam o princípio sancionado uma boa intenção privada de uma possível atuação – algo que, enfim, existia apenas no papel.

Além dessa circunscrita visão crítica do problema e da presumível ação "distorcida" colocada em ação pelo Círculo, este se apresentava como "uma gigantesca organização operária, uma das mais poderosas do país", e estava vivendo o período do seu máximo esplendor. Os diretores, com o intuito de divulgar as atividades, imprimiram um pequeno livro – o livreto de divulgação do Círculo Operário da bahia –, no qual constavam também informações estatísticas que davam a conhecer o serviço realizado.

Irmã Dulce, por sua vez, estava empenhada, como já dissemos, em numerosas frentes, que iam desde a classe operária até os meninos de rua, desde os indigentes até os doentes crônicos. Ao constatar que tudo estava transcorrendo bem em relação aos operários, dedicava-se cada vez mais à sua ação em setores da sociedade que necessitavam de particular atenção: os pobres, ou melhor, os miseráveis, rejeitados até mesmo pelo seu ambiente familiar; os crônicos, que não eram nem sequer levados em consideração pela sociedade; e os meninos de rua.

Na cidade, enfim, todos sabiam da sua disponibilidade e do tipo de dedicação que exercia: assim, os casos lhe eram assinalados e ela, ajudada pela Irmã Hilária ou por qualquer outra coirmã ou voluntária, ia recolher aqueles pobres infelizes e os levava para serem internados no ex-galinheiro: havia doentes que davam arrepios devido às suas chagas, à sujeira e aos insetos que os cobriam, mas Irmã Dulce não recuava diante de nada. Encarregava-se, pessoalmente, de lavá-los, alimentá-los, examiná-los. Se necessário, chamava um médico. Em seguida, ou os internava ou mandava para casa, de acordo com o caso. De qualquer maneira, ela compreendera que, para se aproximar dos casos mais desesperados de mendicância e de marginalização, deveria agir durante a noite: instituiu uma espécie de "ronda" de caridade, que eram "incursões", como ela mesma as definia. As pessoas chamavam de "corredor do Círculo Operário".

> "Fazemos esta ronda" – conta ela mesma – "duas vezes por semana. Saímos eu, outras duas freiras e um guarda às 20h30 e retornamos às 23h30, fazendo quatro, cinco ou seis viagens, segundo o número de pobres que encontramos. Levamos todos para o nosso hotel, onde quatro freiras trabalham junto comigo. Ali, damos-lhes sopa quente, um lugar para dormir e, às 5h da manhã, eles saem para tentar encontrar um trabalho. Aos rapazes damos frutas ou caixas de engraxate, a fim de que possam vender os seus produtos e trabalhar um pouco" (*O Globo*, 21/9/1961).

Isso era também possível graças à disponibilidade de alguns voluntários que possuíam automóvel – no final presentearam-na com uma caminhonete – e às freiras ou às suas admiradoras, que não deixavam de colaborar.

Os alvos eram, normalmente, os cantos dos edifícios públicos, em particular, a Estação da Calçada, que tanto a tinha impressionado quando havia chegado a Salvador. Ali, encontrava não apenas gente que vinha em geral do interior da Bahia, desempregada, completamente debilitada pela fome, doentes gravíssimos que nenhum hospital aceitava, considerando-os incuráveis; conseguia surpreender, também, durante o sono, os meninos de rua.

Finalmente, conseguira estabelecer uma tática. Na última ronda que fazia, esperava que os "meninos" adormecessem nas calçadas. Aproximava-se silenciosamente e, com a agilidade de um felino, os pegava. Na maior parte dos casos eles reagiam violentamente, protestavam, gritavam, debatiam-se, mas continuava a segurá-los, ao mesmo tempo que começava a falar-lhes docemente ao ouvido. Pouco a pouco, eles se tranquilizavam e ela, liberando as presas, passava a acariciar-lhes a cabeça. Assim, aproximava-se da caminhonete e os conduzia ao ex-galinheiro, que passou a ser chamado Albergue Santo Antônio.

Dulce compreendera qual era o meio mais eficaz para iniciar o longo caminho da recuperação. Na realidade, deixou escrito:

> Quando saía pelas ruas para fazer a ronda noturna e recolher os mendicantes ao relento, juntamente com os velhos eu encontrava rapazinhos de diferentes idades, mas sempre pequenos, que dormiam uns sobre os outros. Jamais encontrei crianças solitárias. Eu os acordava e os levava comigo. A partir desse momento, começou o nosso trabalho com os meninos de rua.
>
> Quando tinham treze anos, eu os recolhia para ensinar-lhes o catecismo e prepará-los para a Primeira Eucaristia. Eu levava os jovens e os adultos para o albergue.

Eles se lavavam, recebiam café com pão e depois iam dormir. Quando não havia leitos suficientes, dormiam no chão, sobre esteiras. Na manhã seguinte, depois do café, voltavam para a rua, pois não tinha com quem deixá-los. Ao meio-dia, vinham almoçar e voltavam para a rua. À noite, recolhiam-se novamente.

Esses jovens são muito violentos e agressivos. Desde pequenos, aos quatro, cinco anos, são muito violentos. Procuramos educá-los através do amor, sem castigos físicos. É necessário ter muita paciência e amor a Deus para trabalhar com esses jovens. Eles estão habituados a ser maltratados em casa, são perseguidos na rua, são espancados e revidam. Somente com muito amor conseguimos recuperar jovens como esses (reflexões de Irmã Dulce).

A notoriedade e a repercussão na imprensa serviram para conquistar a simpatia de médicos e enfermeiros, de professores, enfim, de voluntários que ela utilizava para curar ou educar os jovens. Ao mesmo tempo, todos sabiam que estavam ajudando os necessitados: por isso, diante da porta do albergue formavam-se longas filas de pobres para receber um prato de sopa à noite, ou para conseguir algumas roupas, um pedaço de pano ou simplesmente alguns trocados para pagar uma prestação.

Em síntese, o serviço tornava-se cada vez mais especializado e dedicado a tais emergências. Desnecessário dizer que, tanto no ex-galinheiro ou naquelas barracas vizinhas (Albergue Santo Antônio) quanto no barracão onde se encontravam os jovens, o espaço começava a ficar pequeno. Assim como maiores eram as necessidades de dinheiro e de gêneros de toda a espécie.

Certamente o problema mais frequente a ser resolvido era aquele mais imediato: dar de comer aos internados, aos jovens e àqueles que esperavam diante da porta.

Algumas vezes, arranjava-se o jantar com pão, leite e café oferecidos pela vizinhança ou por intermédio da ajuda de Santo Antônio; de qualquer maneira, ninguém ia dormir sem ter comido alguma coisa.

Em tais ocasiões a solução chegava de forma bastante singular, como em uma das tantas noites nas quais as freiras, desconsoladas, anunciaram-lhe que não havia comida suficiente para todos.

"Aonde posso ir a esta hora?", Dulce disse para si mesma. E, em seguida: "Bem, vamos até quem eu conheço!", e dirigiu-se para a capela. Ali se encontrava a imagem de Santo Antônio, com quem ela "conversava" desde moça.

Ela começou a rezar, pedindo ao santo para ajudá-la com aqueles pobrezinhos.

Não se dera conta do tempo que havia passado ali na concentração da sua súplica, quando sentiu a mão de uma freira sacudindo-a e sussurrando-lhe ao ouvido: "Irmã, telefone para você".

"Alô", disse assim que pegou o aparelho.

"Boa-noite, Irmã Dulce", respondeu-lhe uma voz feminina do outro lado da linha.

"Boa-noite. Em que posso ser útil, minha filha?"

A voz da mulher tornou-se um pouco insegura devido à emoção: "Irmã, é melhor que tenha sido assim... Minha filha devia se casar hoje de tarde... Ainda não consigo acreditar... Antes de sair para a igreja... Enfim, ela desistiu de se casar e eu agora me encontro com todas aquelas bandejas de doces e salgados preparados para a recepção. Eu não sabia o que fazer, então me lembrei da senhora. Posso mandar tudo para os seus pobres? Espero que a senhora não se ofenda".

"Minha filha, que o Senhor a abençoe. A senhora não pode imaginar o bem que está fazendo a esses pobres infelizes. Esteja certa de que Santo Antônio fará com que sua filha encontre um rapaz melhor, que a fará feliz. Tenha fé e reze, e verá que esse pedido nosso se concretizará."

Os doces e salgadinhos chegaram. Todos puderam não só matar a fome, mas também deliciar-se.

De qualquer maneira, Irmã Dulce voltou à capela para agradecer a Santo Antônio e, sobretudo, recomendou-lhe que não se esquecesse da moça.

Capítulo 13

A CONQUISTA PELA FÉ

Eram mais ou menos 7h30, Irmã Dulce tinha acabado de tomar café e subira para o seu quarto, no convento Santo Antônio, onde numa cestinha estava criando um cachorrinho. Levara o leite quente, e o pequeno animal lhe fazia festa. Como todos os filhotes, ele queria brincar e, assim, puxava-a pelo hábito, quando, de repente, ouviu-se um barulho muito forte. Assustada, Dulce abriu imediatamente a janela que dava para a rua e assistiu a um espetáculo terrificante: uma violenta batida entre um ônibus e um bonde.

As ferragens dos dois veículos ficaram entrelaçadas. Logo em seguida, os gritos dos passageiros encheram o ar. O fogo começou a se alastrar rapidamente.

"Fogo! Fogo! Irmãs! Irmãs!", começou a bradar com toda a força dos pulmões.

Correu para baixo e, como um general numa batalha, distribuiu as tarefas a todas que ia encontrando à sua frente: Irmã Aparecida com a mangueira de água, Irmã Ana Maria e Irmã Gregória apanham os extintores do Cine Roma...

Deu um grito para os rapazes: "Para fora com baldes d'água e de areia!".

"Chamem os médicos e as enfermeiras, corram... Corram...!"

"Irmã Hilária, os vidros... Os vidros!"

Ela, por sua vez, tinha pegado um bastão e quebrara o vidro posterior do ônibus, enquanto Irmã Hilária, com uma pedra, quebrava os vidros das janelas. A violência dos seus movimentos dava a impressão de que estivessem exorcizando o diabo!

Assim, num piscar de olhos, tinha sido organizada uma esquadra de salvamento, enquanto esperavam pelos bombeiros. E, pelo ar, ouviam-se os gritos de dor e de medo misturados à fumaça acre da borracha que queimava.

"Socorro... Socorro...!", gritavam as pessoas com as chamas lambendo suas roupas ou seus cabelos.

Logo em seguida, os soldados da polícia militar também vieram ajudar e, finalmente!, chegaram os bombeiros.

O fogo avançava rapidamente, aumentando a sua intensidade, enquanto os "bombeiros" vestidos de azul e branco retiravam dos dois veículos pessoas desmaiadas e queimadas, correndo o risco de também ficarem queimados. Hilária ajudava tirando-os pelas janelas, enquanto Dulce, assim que conseguiram abrir uma porta, entrou e ajudou aqueles que já não tinham mais forças para se debruçar. Dessa maneira, foi possível salvar doze pessoas, entre aquelas mais lesionadas. Finalmente, com o rosto negro de fuligem e o hábito irreconhecível, Dulce saiu do ônibus com dois rapazes completamente desfigurados pelas chamas.

"Dezesseis mortos na tragédia dos dendezeiros..."; "A morte viajava no ônibus..."; "Espetáculo de dor e lágrimas..."; "A grande tragédia dos dendezeiros" – eram estas as manchetes dos jornais no dia seguinte, acompanhadas de fotografias impressionantes.

"As irmãs do Círculo Operário da Bahia, principalmente Irmã Dulce, Hilária e Ana Maria, trabalharam heroicamente para salvar os passageiros", lia-se.

A tragédia abalara a comunidade baiana, mas, como sempre acontece, a vida cotidiana voltou ao normal e o desastre foi lembrado ainda por algum tempo por conta das carcaças carbonizadas dos dois veículos.

***

Naquele ano o inverno tinha sido particularmente rígido e Dulce, nas suas rondas noturnas com a caminhonete, recolhera inúmeros desvalidos que se estavam congelando.

Uma noite em que não saíra, pois ardia em febre, a claridade que vinha de sua janela tornou-se um polo de atração, como uma luz de verão para os insetos.

"Irmã Dulce, estou com frio!", gritara-lhe uma voz.

Ela chegou até a janela e atirou-lhe um cobertor.

"Irmã, os meus filhos estão com frio: um agasalho, pelo amor de Deus!"

"Irmã, um cobertor para mim também!", enfileiraram-se outros dois, três ou quatro.

Dulce, logo depois, reabriu a janela e jogou os cobertores para eles.

O tumulto havia alarmado as freiras. Elas entraram no quarto de Dulce e a encontraram com a janela aberta jogando para baixo não apenas cobertores, mas lençóis, meias, roupas e tudo aquilo que pudesse agasalhar.

Cada vez que alguém conseguia agarrar alguma coisa, ouvia-se um agradecimento:

"Que o Senhor a proteja, irmã!"

"Que o Senhor a conserve sempre!"

"Que o Senhor encha o seu coração de mel!..."

Irmã Hilária a repreendeu com voz severa: "Irmã, a senhora está doente, será que não entende? Já deu tudo o que tínhamos em casa. Aqui sobre a cama não tem mais nada, será que vamos ter de descer e tirar uma coberta e o lençol de um doente para dar à senhora?".

"Não! Não! Não se preocupem comigo. Irmã, eles precisam mais do que eu", respondeu com o olhar e a expressão de uma menina. Depois, passando pelas freiras, dirigiu-se às escadas.

"Aonde a senhora vai agora?", perguntara Irmã Ana Maria.

"À capela. Querem vir também?"

Depois de ter rezado ajoelhada diante do Sacramento, fez um sinal para elas, reunindo-as ao redor da imagem de Santo Antônio.

"Vamos levantá-lo e carregá-lo em procissão", disse.

Todas pegaram a imagem de Santo Antônio e, após terem percorrido o corredor, chegaram à porta secundária do convento.

Dulce a abrira.

"A procissão para fora não, irmã", interromperam, em coro, as irmãs. "Permita que nos agasalhemos melhor".

Irmã Dulce fez um sinal negativo. Em seguida, tomou uma cadeira, colocando-a do lado de fora da porta, e ordenou: "Deixem-no aqui e entrem novamente".

As irmãs cumpriram a ordem e, assim, ela também entrou, fechou a porta e voltou para a capela a fim de rezar.

As freiras entreolharam-se intrigadas e, em seguida, uma de cada vez, retiraram-se para os seus aposentos.

Passado algum tempo, ouviu-se o silvo de uma longa freada e o rumor de três golpes secos contra o muro externo do convento.

Dulce sobressaltou-se e rapidamente correu em direção ao portão que dava para fora; num segundo as freiras juntaram-se a ela. Era uma caminhonete Rural Willys que se desgovernara. O motorista desceu do veículo e todas tiveram a impressão de conhecê-lo. As irmãs aproximaram-se dele para ver se estava machucado, mas o homem agradeceu, dizendo que estava bem.

Irmã Dulce continuava a fitá-lo porque estava certa de conhecê-lo, e as outras tinham a mesma sensação. No entanto, o homem, sem dizer uma palavra, abriu a caminhonete e começou a descarregar as cobertas.

Desnecessário dizer que enquanto retirava os agasalhos do veículo já havia diversas pessoas prontas para pegá-los. Terminada a descarga, o homem sorriu, subiu novamente na caminhonete e foi-se embora sem dizer uma palavra.

Indescritível a alegria das irmãs e dos pobrezinhos que tinham recebido aquele conforto para os seus corpos.

Fechada a porta do convento, Irmã Dulce tinha pedido às freiras que abrigassem também Santo Antônio daquele frio! E, em procissão, levaram-no de volta para a capela... Olhando para aquele rosto, no entanto, dentro dos seus corações, cada uma delas havia encontrado uma semelhança com... aquele motorista.

Irmã Dulce deteve-se um pouco na capela, depois foi descansar, porque no dia seguinte, às 5h da manhã, já tinha que estar com os seus doentes.

Todos se perguntavam como ela conseguia reunir tanta força naquele seu físico diminuto e gracioso, tomando apenas um pouco de leite e algumas colheradas de caldo durante o dia.

A resposta encontra-se entre as reflexões que ela deixou escritas:

> Toda a nossa força está na oração. Sem ela, não podemos fazer nada. É por intermédio da oração que obtemos de Deus as graças necessárias para executar bem a nossa missão entre os pobres. Somos criaturas humanas, frágeis e sujeitas às tentações. Através da oração, Deus nos transmite todas as graças de que necessitamos para levar a cabo o nosso trabalho de amor e de dedicação, sem reservas, aos nossos irmãos sofredores, os pobres.
>
> A oração é o alimento da nossa alma, não podemos viver sem rezar: ela pode ser feita em qualquer lugar, a qualquer momento. Podemos rezar até mesmo enquanto dormimos, oferecendo a Deus a nossa respiração como pedido de perdão pelos pecados, nossos e do mundo inteiro, e cada palpitação do coração, como um gesto de amor oferecido a Deus que tanto nos amou e ama. Assim, mesmo dormindo, rezamos (reflexões de Irmã Dulce).

Capítulo 14

A ASSOCIAÇÃO OBRAS SOCIAIS IRMÃ DULCE

Folheando o jornal *A Tarde* de 22 de julho de 1955, lê-se sobre a particular repercussão de uma transmissão radiofônica:

> Um grande sucesso: O programa "A Bahia Te Agradece" conquistou uma alta audiência para a Rádio Sociedade da Bahia.
> Irmã Dulce, a primeira personalidade apresentada – na próxima semana Tio Juca – no programa patrocinado pelo creme dental Ipana.
> A Rádio Sociedade da Bahia marcou, ontem, mais um ponto na sua vitoriosa ascensão, ao lançar o programa "A Bahia Te Agradece", sob o patrocínio do creme dental Ipana, da Bristol Myers do Brasil S.A.
> De acordo com as informações já dadas [aos leitores] trata-se de um excelente programa no qual será colocada em evidência a vida de ilustres baianos contemporâneos que se dedicaram ao bem da coletividade. O programa inaugural foi dedicado a Irmã Dulce, cuja obra relevante a favor da classe operária baiana culmina com a majestade do Círculo Operário da Bahia.
> Um público numeroso compareceu aos estúdios da Rádio Sociedade e foram apresentados o Professor Augusto Lopes Pontes, pai de Irmã Dulce, o senhor Cícero Silveira, diretor da Grant Publicidade, o senhor Henrique Tessfer, representante local da Bristol Myers do Brasil S.A., o senhor Jaime Bulcão, também da Bristol, Frei Romano e dirigentes do Círculo Operário.
> Às 20h35 teve início o programa, analisando os aspectos mais significativos da vida de Irmã Dulce na sua luta incansável a favor dos pobres e dos humildes.

A redação da Rádio Sociedade da Bahia demonstrou, mais uma vez, a sua capacidade profissional, realizando um programa de altíssima qualidade, que tanto impressionou os ouvintes. Uma medalha de honra.

Terminada a parte artística do programa "A Bahia Te agradece", o senhor Henrique Tessfer tomou a palavra, em nome da Bristol Myers do Brasil S.A., entregando ao Professor Augusto Lopes Pontes, que ali representava a sua filha dileta, Irmã Dulce, uma medalha de reconhecimento, de honra ao mérito, sobre a qual se liam as seguintes palavras gravadas em ouro: "Irmã Dulce – uma homenagem da Bristol Myers do Brasil S.A. – 'A Bahia Te Agradece'".

Em seguida, o Professor Lopes Pontes pronunciou comovidas palavras de agradecimento à Rádio Sociedade da Bahia e aos patrocinadores do programa, ressaltando o caráter altruísta e o alto espírito de instituir um prêmio que levou à organização da campanha publicitária dos produtos creme dental Ipana e creme de barbear Ingram's (Pontes, pp. 41-42).

Irmã Dulce, no entanto, começava a sondar o terreno para dar um passo decisivo em direção à transformação do Albergue Santo Antônio em um verdadeiro Hospital-internato para os doentes crônicos, os portadores de deficiências graves, os pobres e os miseráveis, rejeitados por todas as outras casas de cura e de assistência sanitária de Salvador.

Ela percebera uma certa predisposição positiva entre os membros do Círculo Operário, dispostos a ceder o terreno para a construção. Mas, como sempre, teria que providenciar o dinheiro para as obras, depois para aparelhar a nova estrutura, e depois...depois... quantas e quais dívidas teria que carregar ainda mais uma vez?

No entanto, ela estava convencida de que a Providência não a abandonaria, pois tudo aquilo não era para ela, mas para os pobres, para a imagem do Cristo sofredor.

Para prover a alimentação e a subsistência diária, ela já solicitava a ajuda generosa de inúmeras pessoas, fazendo-se pobre para os pobrezinhos. Pedira para construir o Círculo... Enfim, a ocasião ainda não tinha amadurecido, e ela esperava que a Providência, mais cedo ou mais tarde, lhe indicasse o caminho. O fogo ardia sob as cinzas.

Nesse ínterim, a sua irmã Dulcinha dera-lhe uma sobrinha, à qual fora dado o seu nome de batismo: Maria Rita.

Dulce viu nesse gesto um sinal que ajudou a desenvolver dentro dela uma afeição particular pela menina. Por ocasião do seu primeiro Natal, ela escreveu-lhe:

> Querida sobrinha, muitas bênçãos do Menino Jesus neste primeiro Natal que você passa neste mundo, muitas graças para a sua vida. Que você seja uma boa filha, uma verdadeira cristã é o que eu peço todos os dias a Deus para a minha querida Mariazinha! Beije os seus caros pais por mim e aceite a bênção da tia amiga, Irmã Dulce (carta a Maria Rita, 20/12/1955).

Em virtude da fé vivida concretamente no dia a dia, Dulce demonstrava possuir um dom especial: o de saber viver com alegria tanto a carícia de uma criança como a recuperação de um delinquente ou a cura de um doente grave, tanto o nascimento da pequena sobrinha como a assistência à senhora idosa coberta de chagas. Sua prioridade era uma só: não importava nem quem, nem onde, nem quando, nem por quê.

Parecia que o seu coração batia no mesmo ritmo para todos: o amor era intenso, desinteressado. Isso conferia às suas palavras e aos seus gestos um poder irresistível: todos ficavam surpresos, maravilhados.

Corria um boato pela cidade de que se houvesse uma pessoa necessitada de ajuda, um velho que estivesse morrendo pela rua, uma criança abandonada, bastava chamar ou informar Irmã Dulce. Também não faltavam senhoras desencorajadas e desesperadas que deixavam os seus filhos recém-nascidos diante da porta do convento, certas de que aqueles inocentes teriam em Irmã Dulce, além de uma protetora, uma mãe.

Uma tarde, chegou ao Albergue Santo Antônio um ilustre médico baiano. Ele levava consigo uma senhora idosa doente, encontrada numa esquina de uma viela do bairro Ondina.

O médico observara como a paciente fora recebida e, então, pediu para ver o recinto e a disponibilidade. Ficou tão impressionado que, na saída, pediu à Irmã Dulce: "Se a senhora me der licença, de hoje em diante eu virei ajudá-la. Meu nome é Renato lobo".

E, a partir daquela tarde, duas vezes por semana, ali também iam a senhora Vanda Gonzaga, que sabia aplicar injeções, e a senhora Carminha. O mesmo também aconteceu com um americano, William Brokaw.

"Irmã Dulce, telefone para a senhora", disse-lhe uma voluntária.

"Bom-dia. Em que lhe posso ser útil?"

"Sou William Brokaw [representante da General Motors da Bahia]. Disseram-me para procurar a senhora: encontrei uma mulher doente, caída aqui na rua. Já chamei uma ambulância há muito tempo, mas até agora nada."

Dulce pediu-lhe que explicasse onde se encontrava e dirigiu-se para lá o mais rápido possível.

A mulher foi colocada dentro da caminhonete e levada para o Albergue Santo Antônio.

Mr. Brokaw, intrigado com aquela figura tão frágil e pequena, mas, ao mesmo tempo, tão decidida, fez questão de acompanhá-la. E, assim, também ele chegou ao albergue. A impressão causada foi de tal ordem que, depois de algumas semanas, ele organizou uma comissão de caridade entre os membros do Clube Americano da Bahia. E mais: iniciou uma espécie de reação em cadeia: a Corporação do Socorro Médico Mundial de Detroit começou a enviar remédios; a Organização Alimentos para a Paz providenciou a chegada de alimentos; e a Alimentos para Milhões também enviou a sua contribuição; o Serviço de Socorro Católico, o Conselho Nacional das Mulheres Católicas e a Caritas mandaram leite em pó e roupas. Todo esse movimento iria culminar em 1962, quando Mr. Walker promoveu o convênio entre Los Angeles e Salvador, cidades irmãs, para facilitar a remessa de alimentos, de remédios e de dinheiro com regularidade por intermédio da organização People to People (cf. *A Tarde*, 22/10/1962; *Los Angeles Times*, 24/9/1962).

Essa repercussão internacional também despertou o interesse dos governantes, como aconteceu com o então governador da Bahia Juracy Montenegro Magalhães e sua mulher, Dona Lavínia Acyoli Magalhães.

A situação começava a mudar inesperadamente e as condições pareciam favorecer a realização daquele outro sonho [a construção do Hospital e Abrigo], perseguido com todas as energias humanas e espirituais.

O novo presidente da República, o mineiro Juscelino Kubitschek, era um otimista que acreditava nos recursos humanos e materiais do Brasil, e, por isso, impusera uma vigorosa política de modernização e de ocidentalização que levou o país a um período de euforia político-econômica.

Era o vento bom.

No dia 11 de janeiro de 1959, reunia-se no edifício Pax a Assembleia Geral Ordinária do Círculo Operário para a posse dos novos dirigentes. Era a ocasião oportuna para oficializar a solicitação que Irmã Dulce dirigira aos vários componentes em particular. Era importante obter o apoio dos "circulistas", mas foi-lhe explicado que, do ponto de vista legal, era necessário fundar um organismo diverso, mesmo porque o Estatuto do Círculo não previa a criação de estruturas hospitalares. Conforme dados da ata desta reunião, o presidente da sessão, senhor Vicente de Lima Pita, e o assistente eclesiástico, Frei Edilberto Dirshelborg, ofm, na abertura da sessão haviam comunicado à assembleia a reeleição do senhor Jacinto Manoel dos Anjos, o qual tomara a palavra para solicitar a colaboração dos sócios para a concretização dos objetivos que "serão realizados com a ajuda de Deus e a decisiva cooperação dos companheiros da direção e, em especial, da Irmã Dulce, com a sua incansável e preciosa ajuda, assim como aquela da comunidade franciscana".

A essa altura, Irmã Dulce e o Doutor Augusto Lopes Pontes foram convidados a sentar-se à mesa da presidência, sendo recebidos com prolongados aplausos de pé por toda a assembleia.

Após a intervenção do assistente eclesiástico, o presidente passou a palavra ao senhor Maurílio Teixeira Barbosa, que também solicitou "o apoio para a campanha meritória do

Círculo, ajudando Irmã Dulce na construção do Hospital e Abrigo", e, dirigindo-se aos "circulistas", fez um apelo para a cooperação com os dirigentes, visando à concretização dos "esforços para bem servir à coletividade".

Depois de outras duas intervenções, o presidente passara a palavra à Irmã Dulce, "recebida com uma calorosa ovação". Esta fez referência às suas peregrinações e às suas ações para o benefício dos sofredores. Em seguida, apelando para a boa vontade dos "circulistas", solicitou a sua ajuda "nesta missão, que é a campanha para a construção do Hospital e Abrigo". Para que a sua palavra fosse mais eficaz, ela traçou um quadro lúcido de tudo o que podia ser visto pelas ruas da cidade e concluiu, dizendo: "Não somente ao Estado, mas a todos nós compete o apoio a uma ideia pelo bem social". Sua participação foi caracterizada por "palavras afetuosas e de estímulo que somente a sua bondade sabe expressar".

Assim sendo, o senhor José Bastos também interveio, ressaltando os benefícios que seriam obtidos "se nesta campanha e em outras iniciativas da Irmã Dulce for dado o nosso apoio incisivo", e concluindo que "sem sacrifícios e abnegação nada poderia ser realizado".

Finalmente, a sessão encerrou-se com a aprovação geral dos "circulistas" para apoiar a iniciativa. Era preciso, agora, trabalhar para a criação de um novo organismo que deveria gerir a construção do Hospital e do Abrigo.

O Doutor Augusto, que era formado em Direito, com vários membros do Círculo e pessoas disponíveis haviam constituído uma espécie de comissão particular para estudar o caso do ponto de vista legal e logístico. Encontrada uma convergência das partes, era preciso proceder à fundação da nova instituição. Assim, ficou marcada para o dia 26 de maio uma sessão da assembleia constituinte na sala de reuniões do Círculo Operário da Bahia, no edifício Roma.

Conforme registro em ata, a sessão realizou-se às 20h do dia 26 de maio de 1959, com a participação e a presença "de várias classes sociais, de representantes das diversas instituições, sindicatos e sociedades". A presidência dos trabalhos foi assumida pelo Professor Marcos Rodrigues dos Santos, o qual convidou o Doutor Augusto Lopes Pontes a constituir a mesa da presidência na qualidade de secretário ad hoc e a Professora Margarida Maria da Silva Campos.

Após o cumprimento dos atos formais, o presidente passou a ilustrar a "finalidade da reunião, colocando em evidência a importância, os benefícios e os resultados da iniciativa que levara todos eles a se reunirem, ou seja, a fundação de uma sociedade denominada Associação Obras Sociais Irmã Dulce".

O presidente prosseguiu explicando que a data da reunião fora escolhida para fazê-la coincidir com a data de nascimento da Irmã Dulce. Justificou, assim, "a escolha do nome desta religiosa para a nova associação e, a propósito, informa que as pessoas previamente consultadas na sociedade e no âmbito religioso da Bahia, com relação à denominação da entidade, foram unânimes ao confirmar o nome de Irmã Dulce, pois ela é uma bandeira, um Apóstolo do Bem, de Amor ao próximo e da Caridade. Ressaltou que só em mencionar o nome desta religiosa a simpatia e as manifestações de solidariedade e de apoio viriam de todos: dos comerciantes, dos industriais, dos poderes públicos... E declarou, ainda, que estava informado de que os industriais, os comerciantes e os governos municipal, estadual e federal, deputados, senadores, ministros e várias pessoas estavam dispostas a dar todo o seu apoio, prestígio e ajuda à entidade e, por isso, acreditava-se que o seu nome deveria ser Associação Obras Sociais Irmã Dulce".

A essa altura, o presidente começou a revelar para a assembleia um ponto importante de toda a questão: "Irmã Dulce, tendo uma vaga impressão do que seria discutido na presente reunião, recusou-se discreta e delicadamente a comparecer e declarou que se opunha e que continuaria a se opor a que dessem o seu nome à entidade, ou melhor, pedia e insistia que esta recebesse o nome de Associação Maria Imaculada de Jesus I. C., em homenagem à fundadora e primeira madre-geral da sua congregação. Disse também que se esse bendito nome não fosse aprovado, somente um outro poderia substituí-lo: Associação Obras Sociais Irmãs Missionárias da Imaculada Conceição".

Após estes esclarecimentos necessários, o presidente passou a ilustrar as decisões da constituinte: "Declara que aceita e respeita o ponto de vista de Irmã Dulce. No entanto, depois de vários dias de discussão sobre o argumento com as pessoas já referidas, de muitos esforços, muitas sondagens, venceu, finalmente, a ideia que era de todos: Associação Obras Sociais Irmã Dulce. Considerando-se que o eminente Cardeal Silva foi consultado, juntamente com os sacerdotes da estatura religiosa, moral e civil do cardeal e religiosos de várias ordens e pessoas de diferentes classes sociais, todos declararam-se favoráveis à denominação, de acordo com o sábio e santo sacerdote Dom Apio Silva, que declarou que se deviam fechar os olhos e os ouvidos todas as vezes que se fizesse um comentário contrário".

Seguiram-se as intervenções de numerosos presentes, além de um debate exaustivo. No final, a questão foi colocada em votação e "foi aprovado por unanimidade que a entidade deveria chamar-se Associação Obras Sociais Irmã Dulce".

Toda a assembleia levantou-se e aplaudiu por um longo tempo.

Depois, o presidente retomou a palavra para anunciar que a nova Associação entraria em vigor no dia 15 de agosto, por ocasião do 25º aniversário de profissão religiosa de Irmã Dulce.

Capítulo 15

AS BODAS DE PRATA DE PROFISSÃO RELIGIOSA

No dia 15 de agosto de 1959, Irmã Dulce, com aquele rostinho ainda fresco da juventude, entrou na capela do convento Santo Antônio com uma vela acesa e uma coroa de flores de prata na cabeça.

O cardeal primaz da Bahia Dom Augusto Álvaro da Silva quis pessoalmente presidir àquela cerimônia, que deveria ser reservada apenas a pessoas mais íntimas: na verdade, não havia espaço para um alfinete. No centro da capela, um genuflexório coberto por uma cândida toalha circundada por raminhos de flores era o único espaço disponível.

As freiras vindas do Colégio Santa Bernadete e do Hospital Espanhol entoaram o canto de entrada: suas vozes angélicas arrancaram lágrimas das velhinhas internadas, dos meninos de rua, de diversos portadores de deficiência, que, soltando gritos inesperados, demonstravam querer participar também eles daquele momento comovente em honra da "pequena mamãe".

Assim, diante de Deus e de homens e mulheres, Dulce renovou as suas promessas, com alegria no coração pelo que tinha feito e com a ânsia por tudo quanto ainda tinha de fazer naquela "fábrica" do Senhor.

A notoriedade da sua pessoa não permitia que o evento terminasse assim. Também para aquela data fora marcada a instalação da Associação Obras Sociais Irmã Dulce no edifício Roma do Círculo Operário. Na realidade, às 19h houve uma longa cerimônia com a nomeação de uma comissão especial para elaborar o estatuto da nova associação, para a qual entraram ilustres profissionais, funcionários públicos, industriais e operários.

Naturalmente, no Cine Roma realizou-se também um pequeno recital, com a participação de pessoas de todos os estratos sociais, as quais desejaram contribuir para a ocasião.

No final da cerimônia, Irmã Dulce quis cumprimentar a todos e dar-lhes um santinho como recordação, no qual estava escrito: "Tenho apenas um desejo: que Deus seja glorificado. Um único padecimento: vê-lo ignorado e ultrajado. Um único temor: ofendê-lo e contrariá-lo por qualquer infidelidade. 15.8.1934 – 15.8.1959 – bodas de prata da profissão religiosa na Congregação das Irmãs Missionárias da Imaculada Conceição da Mãe de Deus".

***

O engenheiro Norberto Odebrecht havia se comprometido a construir o hospital, e as obras já haviam começado. A dívida seria de aproximadamente 90 mil dólares! O governo de Juracy Magalhães, por um lado, tinha prometido contribuir com 3 milhões de cruzeiros... Depois, como sempre, caberia a Dulce providenciar a solicitação das ofertas e doações dos amigos, benfeitores, comerciantes e industriais, além das associações americanas.

Naturalmente, ela começou a solicitar à imprensa e a todos que pudessem fazê-lo que divulgassem a iniciativa.

Frequentemente terminava com a jornalista Mara, que deveria fazer uma reportagem. Esta conhecia Dulce de vista e ficou fascinada, retratando-a ao vivo em dois quadrinhos. Ela escreveu no jornal *A Tarde* de 3 de maio de 1959:

> Esse é o extraordinário movimento de Irmã Dulce. Em julho, o filme *Fronteiras do inferno* (projetado somente no Rio e em São Paulo) será exibido em *avant-première* de gala no cinema Roma. Irmã Dulce está muito ocupada com a publicidade e empenhada em fazer com que o filme, "se Deus quiser", como ela diz, fature bem.
> Chegava a noite e já estava escuro.
> "Resta apenas esperar até julho, não é assim, Irmã Dulce? É necessário fazer muita propaganda da noite de gala e o seu hospital será construído."
> Ela sorriu. E, para minha surpresa, declarou: "É, mas daqui a 60 dias vou precisar de dois milhões".
> Aterrorizada perguntei-lhe: "E como fará para conseguir esse dinheiro, Irmã Dulce?".
> Eis a sua resposta: "No momento oportuno Deus manda. Confio plenamente nele. Não há motivo para me preocupar". [...]
> Conhecia Irmã Dulce de nome, de vista. [...] É tranquila, doce, com uma força extraordinária para convencer os outros e uma inimaginável capacidade de trabalho.
> Era alegre e me contou que aos domingos, invariavelmente, ia até a Fazenda Grande, onde estava dando 32 aulas de catecismo para as pessoas do lugar. Diante do meu espanto, ela sorriu e pediu desculpas por ser tão eficiente.
> "Mas agora faço apenas 10. Passei as outras 22 aulas para uma outra catequista. A senhora sabia que no bairro da Liberdade existem 21 mil pagãos?"
> "Não, senhora" (E vocês sabiam disso?).
> "Pois é", continuou. "Se a senhora quiser, pode vir comigo. Não é necessário ir à África para encontrar os necessitados."
> Concordei. Em seguida, ela começou a falar de tudo aquilo que eu queria saber, de tudo aquilo que vocês querem saber, do movimento de assistência social que ela faz.

É ela que nos conta: "No ano passado retirei da rua 516 necessitados e estou contente que somente 56 morreram. Os outros foram curados das doenças que muitas vezes são consideradas incuráveis pelos médicos. Foi Deus quem os curou. Alguns meses atrás, recolhemos um homem todo dilacerado, cheio de parasitas, que exalava um terrível cheiro, em frente à Fábrica Luiz Tarquínio. Ninguém queria tocá-lo, pois ele tinha chagas até a cabeça. Levei-o comigo, mas o pobrezinho não resistiu: morreu. Hoje recolhi um outro em Água de Meninos de cima de uma montanha de lixo".

A narração continua, mas acreditamos que já seja suficiente.

Foi um verdadeiro milagre: em aproximadamente nove meses, conseguiu-se liquidar aquela dívida enorme do hospital.

No dia 5 de fevereiro de 1960, em tempo recorde, o engenheiro Odebrecht entregou a nova construção, e naquela mesma data, na presença do Governador Juracy Magalhães e de sua mulher, das mais altas autoridades civis, eclesiásticas e militares, de representantes de várias instituições, de industriais, de comerciantes, de dirigentes do Círculo Operário e dos "circulistas", das superioras do Colégio Santa Bernadete e do Hospital Espanhol, a Congregação das Irmãs Missionárias da Imaculada Conceição inaugurou o novo Albergue Santo Antônio, que dispõe de 150 leitos.

No dia 19 de julho do mesmo ano, tendo aprovado o estatuto, a Associação Obras Sociais Irmã Dulce elegeu como presidente *ad perpetuum* Irmã Dulce, como secretário o Doutor Augusto Lopes Pontes, como tesoureira Irmã Martha Bernardine Hulskeu e nomeou os membros do conselho e da comissão fiscal.

Convidada a assumir a presidência, Irmã Dulce, comovida, agradeceu e afirmou que as Irmãs Missionárias da Imaculada Conceição tinham avaliado bem as responsabilidades que lhes tocavam, a soma dos deveres a serem cumpridos e a missão a ser realizada, principalmente com a ajuda de Deus e de Santo Antônio, direcionando suas forças em prol das causas não só dos operários, aos quais nunca tinham deixado de servir com dedicação e constância, como também dos pobres, dos marginalizados, dos necessitados e da instrução, da educação e da assistência social.

Ela precisava de ajuda para que os "incuráveis" pudessem sobreviver: "em apenas um ano foram curadas 36.828 pessoas! Mais homens do que crianças e mulheres" (Pontes, p. 59).

A chegada, em 1962, do Doutor Frank Raila, vindo de Chicago, e logo depois do Doutor John Curns, do Illinois, para trabalhar na obra, foi providencial. Depois de alguns meses, Raila sugeriu a construção de outros ambientes, a fim de separar, do ponto de vista operacional, a parte hospitalar daquela destinada à internação.

Como é possível imaginar, era como atirar um fósforo num palheiro. Não demorou muito para que Dulce achasse uma solução. Do lado oposto à rua onde ficava o albergue, havia um terreno com uma barraca, só que era pantanoso.

"Podemos saneá-lo, não é verdade?", havia perguntado.

Diante da resposta positiva, já se encontrava na barraquinha para falar com o proprietário, o senhor Martins, um português. O homem titubeou e disse que iria procurá-la.

Ao voltar, Dulce chamou todas as freiras e as suas colaboradoras, reuniu-as na capela e pediu-lhes que rezassem a Santo Antônio para que ele intercedesse na compra do terreno.

No dia seguinte, o senhor Martins foi realmente procurá-la e, quando viu principalmente aqueles doentes, sentiu pena, chorou e disse: "Irmã, tome este contrato. Amanhã lhe darei em doação este pedaço de terra: é seu".

Ao mesmo tempo, o benfeitor Eurico Simões de Paiva, um industrial baiano, grande admirador das atividades de Dulce, tendo sabido das dificuldades que o albergue atravessava pela presença de jovens, adultos, velhos e doentes, construiu um pavilhão para os idosos com a ajuda da Fundação Fullbright, cobrindo uma área de 550 metros quadrados com dez dormitórios, tendo seis leitos cada um. Assim, os idosos paralíticos, aqueles com alto grau de esclerose ou clinicamente irrecuperáveis e os tuberculosos em fase terminal (triagem) foram transferidos para lá. A Marinha e o Exército ofereceram-se para organizar os ambientes.

Naturalmente, faltava quase completamente toda a aparelhagem médica e cirúrgica, além de todo o material hospitalar indispensável. No entanto, apresentou-se uma ocasião propícia: em novembro de 1962, Irmã Dulce foi convidada por Dom Alfred Schneider, diretor da Catholic Relief Services, para representar o Brasil no Congresso Mundial das Damas Católicas, que naquele ano seria realizado em Detroit.

Todos aqueles inúmeros benfeitores americanos tiveram a oportunidade de conhecê-la pessoalmente e de apreciar os seus dotes. Assim, ela fez contatos com outras instituições e o resultado foi prodigioso: dois aviões da Força Aérea americana levaram para Salvador toneladas de auxílios, equipamentos médicos, remédios, até mesmo material de construção pré-fabricado, para a edificação de um centro de recuperação de menores abandonados.

Dessa maneira, a Associação Obras Sociais Irmã Dulce pôde dispor de maior número de leitos, contando com 150 no albergue, 130 para os jovens no centro de recuperação e 60 para o departamento crônico (triagem).

O problema dos meninos de rua, apresentado por quem o vivia dia após dia, havia tocado profundamente as mulheres americanas. Dulce o sentia como um instinto materno, como um investimento a longo prazo, como uma contribuição para a transformação da sociedade brasileira.

Assim, aquele velho barracão, organizado para abrigar os meninos de rua, havia se tornado uma construção em alvenaria com ambientes nos quais eram abrigados, regularmente, 130 jovens.

Com a colaboração de numerosos voluntários, existia agora a possibilidade de alfabetizá-los e prepará-los para as profissões de carpinteiro, alfaiate, padeiro e artesão. Confeccionavam-se roupas para eles e para os internados, cestos para vender e produziam-se até 150 kg de pão diariamente, que serviam para o consumo interno. Além disso, com o auxílio da caminhonete, recolhiam-se papéis e papelões, que depois de embalados eram enviados para a fábrica de Amaralina, onde eram reciclados.

A relação que Irmã Dulce mantinha com os meninos de rua era aquela de uma mãe atenta às suas necessidades, mas também pronta para participar das suas alegrias e dores de maneira apaixonada. Então, tudo podia acontecer.

Numa tarde, um grupinho de "filhos" viera literalmente sequestrá-la do albergue onde se encontravam as mulheres.

"Irmã, vem com a gente", dissera muito sério um deles.

"O que foi? O que foi?", perguntara-lhes, preocupada, vendo o ar de seriedade que traziam no rosto.

"Irmã, vem com a gente e não faz perguntas...", repetira o rapaz carrancudo.

Dulce havia saído caminhando apressadamente em direção ao centro. Temia que fosse um dos idosos, que tivesse acontecido alguma coisa grave, pois, de vez em quando, a proximidade com o pavilhão dos velhos causava algumas desavenças sérias.

Entraram no salão novo de recreação onde, juntamente com todos os outros "marotos", encontravam-se o Doutor Frank Raila, diversos voluntários, velhinhos que podiam caminhar, enfim, uma grande multidão.

Assim que colocou os pés no salão, o silêncio que se fizera até então se transformou num vaivém frenético de todos aqueles garotos, com gritos, pulos de alegria: desencadeara-se, literalmente, uma algazarra.

O volume da televisão se encontrava no máximo. Estavam transmitindo a final da Copa do Mundo entre o Brasil e a então Tchecoslováquia, no Chile [em 1962].

Dulce suspirou aliviada e não precisou esforçar-se muito para "entrar no jogo".

"Irmã, corre... vem ver também", seguraram a sua mão e a levaram até a televisão.

"Irmã, 'o rei' [Edson Arantes Nascimento, o Pelé] já fez um gol...", disseram imediatamente para informá--la. Uma algazarra, abraços, pulos para imitar a proeza do atacante seguiram-se ao segundo gol do Brasil. Por 3 a 1, o Brasil sagrou-se bicampeão mundial.

Todos torciam e Dulce não estava menos entusiasmada do que aquela massa de meninos. No final da partida, todos passaram a imitar as façanhas de Pelé, improvisando dois times, o público e, naturalmente, a Irmã, que ficou de meio--campo… a sua posição preferida, apesar de agora começar a atacar um pouco.

Esse seu comportamento valia para os "meninos" mais do que cem palavras.

Capítulo 16

A SEPARAÇÃO ENTRE A INSTITUIÇÃO E A COMUNIDADE

O dia 11 de março de 1962 foi uma data significativa para o "primeiro filho" de Irmã Dulce. Realizou-se uma assembleia geral extraordinária do Círculo Operário, na qual foi consumada a separação definitiva entre a instituição e a comunidade franciscana. Encerrava-se, assim, uma crise interna latente que se prolongava desde o pós-guerra, intensificada quando frei Hildebrando fora transferido para Fortaleza.

Para entrar diretamente no assunto e analisar bem a questão, um único volume seria insuficiente se nada acrescentasse a tudo quanto já foi escrito. Mas não acreditamos que o assunto deixasse de interessar vivamente os leitores destas páginas. Abordaremos, então, rapidamente as etapas fundamentais que levaram à convocação da assembleia do dia 11 de março.

Já vimos que Frei Hildebrando havia voltado à direção do Círculo no pós-guerra. No entanto, sendo uma pessoa muito dinâmica, depois que esse assunto foi resolvido o seu interesse deslocou-se para outras iniciativas. Agindo dessa maneira, o peso e a responsabilidade, principalmente com relação às dívidas, ficaram por conta de Irmã Dulce. Mas, como não havia desentendimentos entre os dois, unidos pelo carisma de fundadores, não houve maiores problemas.

A partida do frade para Fortaleza levara a um desequilíbrio. Os assistentes eclesiásticos não podiam arcar com o peso e a responsabilidade de Frei Hildebrando; por isso, a sua participação e o seu direito de veto, previsto pelos estatutos, eram considerados sob várias óticas. A tudo isso, somou-se um fator importante: o patrimônio.

Com a construção do edifício no Largo Roma e dos cinemas, os bens do Círculo tinham aumentado, mas eram administrados pelos franciscanos e, segundo o artigo 55 do estatuto, em caso de dissolução do Círculo, seriam simplesmente transferidos para as obras sociais franciscanas.

O conjunto de todas as problemáticas havia suscitado discussões, determinando duas "posições" dentro do Círculo: uma que, apesar de tudo, se dizia satisfeita com a obra dos franciscanos e, assim, optava pela continuação das coisas do jeito que estavam. Esta posição, considerada, talvez, com uma certa ênfase, filo franciscana, na realidade abrangia um número muito limitado de sócios. A outra, "rebelde", desejava conseguir certa autonomia da comunidade franciscana, solicitando a modificação do estatuto com relação ao direito de veto dos assistentes eclesiásticos e, naturalmente, do artigo 55. Frei Hugo fragoso diz que esta segunda corrente, "por coincidência e sem muita lógica interna, estava com Irmã Dulce" (Fragoso, p. 38).

Dulce encontrava-se completamente fora de tais lógicas e reivindicações. O nome dela, no entanto, podia facilmente se tornar uma bandeira: sua ação e sua capacidade de "esmoleira" tinham dado popularidade ao Círculo, retorno positivo também na área assistencial e, enfim – coisa de não pouca importância –, criado o patrimônio.

A essa altura, os franciscanos compreenderam que o impasse se encaminhava para uma grave cisão e chamaram Frei Hildebrando de volta a Salvador.

"A nova direção estava imbuída das melhores intenções", mas a posição rígida assumida por Frei Hildebrando diante das solicitações para a modificação do estatuto e, principalmente, a sua atitude inclinada a ratificar o verdadeiro poder do assistente eclesiástico anularam também o seu carisma de fundador.

Os dirigentes do Círculo enviaram um relatório ao cardeal e, imediatamente, o caso foi levado em consideração também pela direção nacional circulista.

Finalmente, o Padre Pancrazio Dutra, jesuíta, foi obrigado a tomar conhecimento de uma "incompatibilidade inevitável entre os filhos de São Francisco e a nova direção", lançando como proposta aos superiores franciscanos a divisão do Círculo em duas entidades: o Círculo Operário do edifício Pax poderia continuar com os padres franciscanos, enquanto o Círculo Operário do edifício Roma teria um novo assistente eclesiástico não franciscano.

Uma vez que a proposta não foi aceita por nenhuma das partes, chegou-se à decisão de retirar o Círculo do edifício Pax e os franciscanos da assistência eclesiástica e de qualquer relação com o próprio Círculo. Os "circulistas", então, voltaram-se aos padres jesuítas.

Dessa maneira, chegou-se à convocação da Assembleia Geral Extraordinária do dia 11 de março, da qual tomaram parte aproximadamente mil associados. Trata-se de um encontro muito importante, razão pela qual seguiremos de perto o desenrolar da sessão, transcrevendo, de vez em quando, as palavras exatas da ata.

O presidente da assembleia, o senhor Vicente de Lima Pita, convidara Irmã Dulce e os representantes da comunidade franciscana, Frei Hildebrando e Frei Tadeu Joaquim, para fazerem parte da mesa da presidência. Em seguida, explicara rapidamente o motivo da sessão e passara a palavra ao presidente do Círculo, o senhor Alyrio Telles. Este se apressou em expor a sequência dos fatos, culminados com a resolução do Círculo de retirar-se do edifício Pax, atendendo, assim, às reiteradas solicitações da comunidade franciscana por intermédio de cartas "que foram lidas a fim de que todos delas tomassem conhecimento".

Em seguida, exibiu o contrato de construção do edifício Pax – lido integralmente pelo secretário, o senhor Edison Rocha – e explicou que, apesar de prevalecer no Círculo o entendimento de lhe ser facultado o exercício de direitos sobre o edifício Pax, isto não era verdadeiro, de acordo com a sua análise dos contratos relativos à construção. Em seguida, concluiu ilustrando os termos do acordo "amigável e respeitoso" que a diretoria tinha feito com a comunidade franciscana: o Círculo comprometera-se a desocupar as dependências do edifício Pax, enquanto a comunidade franciscana, por outro lado, assumira o compromisso de manter as escolas primárias e profissionalizantes existentes no edifício à disposição dos associados do Círculo. Naturalmente, os funcionários encarregados permaneceriam dependentes dos "circulistas".

Após algumas intervenções, o associado Raimundo Figueiredo pediu a palavra e fez as seguintes perguntas: Quem era o presidente do Círculo Operário da Bahia (COB), quando o edifício Pax havia sido construído? Os auxílios concedidos ao Círculo foram empregados na sua construção? Por qual motivo o Círculo não se fizera representar no contrato de construção?

O fato de tais quesitos terem sido transcritos ao pé da letra leva a deduzir, sem ser necessário usar muita imaginação, que se tratava de interrogações comuns à maioria dos sócios, mas, principalmente, dirigidas de maneira específica à mesa da presidência.

De fato, Frei Hildebrando tomou a palavra e disse que o edifício Pax fora construído em um terreno pertencente ao convento de São Francisco, concedido para tal fim. Naquela época, o Círculo era presidido pelo senhor José G. dos Santos e mantido pela comunidade franciscana com o faturamento do cinema Santo Antônio até 1945, porque ainda estava no início da sua existência, não possuía rendas e não recebia nenhum subsídio público por ser uma entidade muito modesta: não tendo ainda sido reconhecida como de utilidade pública. Estando em tal posição, não podia figurar no contrato.

As intervenções que se seguiram foram feitas pelos sócios mais antigos, que ratificaram as palavras do frade.

A certa altura da discussão, o associado Joaquim Gonçalves dos Santos fez uma pergunta muito interessante: Quem foi o fundador do Círculo Operário e por que o COB foi colocado no edifício Pax?

Retomando a palavra, Frei Hildebrando traçou uma breve história da vida do Círculo, dizendo que, em 1937, ele tivera a ideia de fundar uma grande organização operária e, após ter consultado o senhor José Bastos, fora aconselhado a procurar Irmã Dulce, que já vinha trabalhando a favor dos operários pobres. De acordo com Irmã Dulce, ficara resolvido alugar uma casa para abrigar os doentes e um salão para a escola e, assim, fundara-se a sociedade com a denominação União Operária São Francisco. Trabalhando sempre com a participação de Irmã Dulce, criara-se, em seguida, o Núcleo Central, que funcionava na Casa de Santo Antônio. Concluída a construção do edifício Pax, a sociedade passara a funcionar nesse edifício já há 22 anos; mudada a denominação da sociedade em Círculo Operário da Bahia, tomara-se a resolução de construir o edifício Roma com o financiamento obtido do Instituto dos Industriários, bem como o cinema São Caetano, em um terreno comprado da Congregação Mariana e, por último, o cinema Plataforma em um terreno adquirido por Irmã Dulce. Concluiu dizendo que, mesmo despedindo-se do Círculo Operário, não abandonaria os operários, porque a comunidade franciscana continuaria a trabalhar para eles, as escolas primárias e de corte e costura seriam mantidas e eles gozariam de outros benefícios.

O quesito era tão importante para o auditório que a palavra foi passada à Irmã Dulce para que ela também falasse sobre a origem do Círculo Operário.

Tomada a palavra, Dulce disse que "no mês de outubro de 1936, convidei os operários, senhor Ramiro S. Mendonça, Nicanor Santana e Jorge Machado a formar uma sociedade proletária e, juntamente com eles, comecei a trabalhar... Até que em 1937 fui procurada por Frei Hildebrando, que me propôs a organização da sociedade com o nome de União Operária de São Francisco. Depositando confiança neste grande colaborador, a sociedade seria acrescida, passando, assim, a chamar-se Círculo Operário da Bahia, estabelecendo a sua sede no edifício Pax, onde se encontra até hoje.

Agora, no entanto, que a comunidade franciscana está solicitando a retirada do Círculo dos ambientes do mencionado edifício, foi encaminhado um maternal apelo aos associados, pedindo-lhes que efetuassem a entrega do Pax; dessa forma, nos retiraremos com dignidade, fazendo o mesmo com respeito aos edifícios Roma e São Caetano, que são de nossa propriedade. Devemos agradecer à comunidade franciscana pelos benefícios recebidos pelo Círculo Operário".

Convém mencionar também algumas outras intervenções significativas da atmosfera de responsabilidade e, afinal de contas, de amizade que permanecia entre as partes.

Frei Tadeu Joaquim tomou a palavra para dizer que "gostei muito daquela assembleia composta de pessoas simples, mas compreensivas e boas", apresentando as suas saudações.

Em seguida, a palavra foi concedida ao novo assistente eclesiástico, o jesuíta Padre Antônio Helmendi, que expressou a sua satisfação dizendo: "Sinto-me muito orgulhoso com o resultado da assembleia, já que os associados se comportaram com muita dignidade, certamente com a ajuda de Deus. Manifesto, também, o meu reconhecimento e gratidão aos franciscanos por tudo quanto fizeram pelo COB e proponho que, no final da sessão, os dirigentes e os franciscanos se unam novamente num cordial abraço de fraternidade".

***

Encerrava-se, assim, um episódio que fora exacerbado pela tomada de posições rígidas e radicais, por fortes personalidades e alguns antagonismos. Permanecia, no entanto, o bem que tanta gente pobre recebera, não importa se como assistência social, se consoante ou não com a doutrina social da Igreja ou com as tendências sindicais. Pois, conforme escreveu Frei Hugo Fragoso,

> ao retirar-se do Círculo Operário da Bahia, Frei Hildebrando argumentava que os Círculos Operários estavam finalmente "superados", já que as suas finalidades "assistenciais" não estavam atualizadas; não devemos esquecer que "as instituições, as fábricas, os sindicatos oferecem, por sua vez, excelente 'assistência', e o governo construiu escolas nos bairros operários" (Fragoso, p. 39).

Por outro lado, os compromissos nas Obras Sociais afastaram Irmã Dulce do Círculo, mesmo que ela continuasse a manter ótimas relações. No que diz respeito à história sucessiva do Círculo, é necessário dizer que este assumiu cada vez mais um caráter político e sindical. Depois de 1967, ele foi progressivamente decaindo e, em 1972, pouco a pouco, seus serviços foram fechados.

Esse episódio não afetou as relações pessoais entre Irmã Dulce e Frei Hildebrando, os quais mantiveram sempre a estima recíproca, mas colocou cada um deles num caminho diferente.

Como diz o provérbio: "Cesteiro que faz um cesto, faz um cento". Ambos continuaram com o "vício" de dedicar-se com todas as suas forças ao bem do próximo.

Capítulo 17

A INCANSÁVEL LUTA PELOS MENINOS DE RUA

Para Irmã Dulce, a esperança, o futuro do Brasil estava na recuperação dos jovens: os meninos de rua que, paralelamente aos doentes graves, eram curados e podiam ser salvos para constituir forças sadias dentro da sociedade.

"Somos um simples e humilde instrumento de Deus e de Santo Antônio", dizia. "Tudo o que fazemos é apenas uma gota d'água no oceano da nossa vida."

Naquilo que ela considerava "pequeno", a sua ação tinha funcionado e continuava a funcionar. Por isso, quando sentia no ar que existia alguém pensando da mesma maneira, não perdia a ocasião para dar a sua opinião.

Uma oportunidade para saber o que ela pensava e o que estava fazendo pelos meninos de rua foi dada por uma carta aberta que escreveu para o jornalista Odylo Costa, publicada na revista *O Cruzeiro* (Rio de Janeiro, 1964).

Costa havia perdido o filho e colocara no artigo "Os outros meninos", francamente, o dedo sobre a ferida, usando palavras de fogo: "Para acabar com essa vergonha, é necessário que esta nação inteira se levante e se una em defesa da própria sobrevivência, que é a sobrevivência da juventude".

Ele acreditava ser possível colocar no bom caminho centenas de jovens e concluíra com um apelo, um brado: "Protejamos os outros jovens. Salvemos os outros jovens".

Para complementar a reportagem, havia seis fotografias de meninos delinquentes acompanhadas por duas frases curtas, mas desesperadas: "Devem ser salvos", "Podem ser salvos".

"Um apelo angustiado e sincero à nação, à sociedade, aos homens e às mulheres do nosso tempo, aos nossos dirigentes... Palavras de advertência proferidas por uma alma nobre que, ao perder um filho, procura salvar os outros", disse Dulce.

E começou a sua carta assim:

> Este apelo eu já o ouvi alguns anos atrás, da boca de um rapaz de treze anos, um pequeno jornaleiro, esfomeado, doente, tuberculoso: "Irmã, me ajude!".
> A tal apelo, graças a Deus, pude responder e continuei a responder, enquanto Deus me permitiu. É disso que desejo falar. É dos "outros meninos", senhor Odylo, que venho tratar.
> Este trabalho de recuperação dos menores abandonados, dos rapazes marginais e dos jovens delinquentes já está sendo feito aqui em Salvador. Posso lhe dizer o que de positivo já está sendo realizado na nossa cidade. Com a ajuda de amigos e de senhores da sociedade, a nossa instituição está se dedicando com grande interesse a essa atividade, além de outras.
> Desde 1959 recolhemos da rua e convidamos a viver no nosso albergue esses rapazes marginais, conhecidos como "capitães da areia".
> Pequenos ladrões e batedores de carteiras. Alguns se adaptam à nova vida, outros não. São renitentes e de difícil recuperação. Fogem, mas retornam. Um destes, "Água de Meninos", se acalmou ou melhorou, permanecendo somente depois de ter fugido trinta vezes. E em todas elas o recebi como se nada tivesse acontecido. Há pouco tempo tive o prazer de ouvi-lo dizer: "Irmã, agora vou estudar para ser carpinteiro". E está

feliz em aprender o seu ofício. Outro rapaz, "Língua de Trapo", fugiu vinte vezes. Depois, sabendo que o companheiro "Gaguinho" decidira fugir, disse-lhe decididamente: "Não, não faz isso. Não foge. A irmã só quer o nosso bem".

Os rapazes foram recolhidos quando ainda viviam pelas ruas. Nunca foram castigados com violência, mas apenas com a proibição de qualquer coisa que interessasse a eles: andar de bicicleta, ir ao cinema aos sábados etc.

Ao acompanhar de perto o processo de recuperação desses rapazes, vê-se que nada está perdido, que existe sempre um caminho para a salvação, desde que se lhes ofereça a devida oportunidade.

É uma experiência única. E a melhor recompensa, recebo no dia da sua recuperação, quando, transbordantes de alegria, ganham novas forças para superar as dificuldades futuras e esquecer as vicissitudes passadas.

No momento, disponho de duas pequenas propriedades que me foram doadas, sem nenhum beneficiamento, onde os rapazes aprendem o trabalho agrícola, o artesanato e as primeiras letras. Ali recebem alimentação, educação e afeto, de que tanto necessitam. Aprendem a viver como futuros homens dignos, futuros bons brasileiros.

Mas, para frustrar toda a nossa boa vontade, existe a falta de dinheiro. Os fundos para a manutenção são escassos. As dívidas aumentam terrivelmente; de esmola em esmola vou alimentando esse ideal que não poderá morrer, pois já está dando os seus frutos.

Agora, é a vez do meu apelo! Um apelo especial ao senhor Odylo Costa. Um apelo geral aos diretores e a toda a redação desta revista, a mais divulgada do Brasil, lida por meio milhão de brasileiros. Que todos se dignem de fazer uma campanha a favor desses jovens abandonados que querem ser salvos e que podem ser salvos.

Estou à disposição de um repórter seu para que ele examine tudo o que já foi feito, aquilo que estamos fazendo e o que pretendemos fazer em benefício da juventude abandonada de Salvador, que também é do Brasil.

Na realidade, anteriormente Irmã Dulce havia recebido do Governador [1963-1967] Antônio Lomanto Júnior, como doação para as Obras Sociais, um velho núcleo agrícola do estado no município de Simões Filho, a uns vinte quilômetros de Salvador.

Com muito esforço e muito boa vontade, as instalações foram adaptadas e o Centro de recuperação de Menores Abandonados foi transferido para lá, onde era possível efetuar um trabalho sistemático de educação e introdução às profissões num ambiente completamente dedicado aos jovens.

Um trabalho paciente, cujos frutos seriam vistos com satisfação alguns anos depois: "Para integrá-los na sociedade" – escrevera ainda Dulce –, "procuramos transmitir-lhes valores... Eles aprendem um ofício, fazemos os documentos de que eles necessitam e deixamos que eles saiam da escola com um trabalho e um lugar decente onde possam viver. Hoje, muitos deles são ótimos profissionais".

Nessa época, aconteceu um episódio que fez com que desaparecesse um dos lugares que tinha um vínculo particular com Dulce e com os meninos de rua.

Foi num sábado, dia 5 de setembro de 1964, às 16h. A feira de Água de Meninos estava cheia de gente, o movimento era intenso. Havia muitos dias sentia-se um odor de gasolina, mas ninguém dera muita importância aos sinais e protestos de algumas pessoas. Houve um incêndio no local e, das 1.800 barraquinhas, somente 600 foram poupadas do fogo.

Na quarta-feira seguinte, dia 9 de setembro, às 18h50, um novo incêndio acabou por completar a destruição.

O desastre, anunciado diversas vezes devido aos depósitos de combustível ao lado da feira, provavelmente foi causado por aqueles que tinham interesse em evacuar a área. Tanto é verdade que depois ficou constatado tratar-se de incêndios dolosos. Na realidade, a área foi aterrada e tornou-se apta à construção. Assim, onde antes existia aquela grande feira, tornada possível graças aos camponeses e aos comerciantes – os primeiros benfeitores das iniciativas de Irmã Dulce – e onde não eram poucos os meninos "agarrados" entre aquelas barracas, hoje existem apenas casas.

Depois desses episódios, a feira foi transferida para a zona da enseada de São Joaquim e, a partir de então, passou a se chamar Feira de São Joaquim.

Capítulo 18

MOMENTOS DE MUITA TRISTEZA

No dia 11 de abril de 1964, o Congresso brasileiro, apoiado pelos militares, elegeu como Chefe de Estado o general do Exército Humberto Castelo Branco. Por trás de toda a operação existia a sombra dos Estados Unidos, que agiam em nome de um reequilíbrio naqueles tempos de guerra fria.

O golpe fora dado durante o governo do Presidente João Goulart, "Jango", que contava com o apoio indiscutível das organizações sindicais. Jango tinha apontado o dedo em direção à reforma agrária, mas a burguesia o impedira de continuar. Ele havia jogado a última cartada com o plebiscito em janeiro de 1963. Obtendo vitória esmagadora, impusera uma política econômica de planejamento com fortes investimentos públicos. Mas o plano faliu, mesmo porque fora boicotado e, no final daquele ano, a inflação chegou a 80%. As suas respostas políticas – principalmente aquela de rejeição às sanções contra Fidel Castro impostas pela Organização dos Estados Americanos – determinaram a revolta do Estado Maior do Exército.

Surgiram fundamentalismos de esquerda simpatizantes de Cuba e de Che Guevara. Francisco Julião, de Pernambuco, havia se tornado uma espécie de "Fidel Castro brasileiro".

A Igreja do Brasil, depois da encíclica social *Mater et magistra* do Papa João XXIII, que se vinculou à *Rerum novarum* de Leão XIII e à *Quadragesimo anno* de Pio XI, mostra uma significativa evolução do pensamento, da linguagem e do comportamento da instituição em relação aos problemas sociais da sociedade contemporânea. Surge a figura do jovem bispo do Rio de Janeiro, Dom Helder Câmara. Nascia a denominada "pedagogia do oprimido", do pedagogo pernambucano Paulo Freire.

Havia a ameaça de uma greve geral. O Nordeste, em particular, estava em chamas.

Começava, assim, um período de ditadura militar que duraria de 1964 até 1985. A região Nordeste, que se destacara pelos protestos mais veementes, ficou paralisada pelo terror. As prisões ficaram cheias; as perseguições, a tortura e até mesmo o assassinato tomaram o lugar da legalidade.

De qualquer maneira, e de acordo com a linha moderada de Castelo Branco, que acreditava ser necessário colocar as coisas em ordem para reativar o desenvolvimento e, em seguida, restituir o poder aos civis, o que aconteceu foi exatamente o contrário. O General Arthur da Costa e Silva, que sucedeu o Presidente Castelo Branco, morto em acidente aéreo, em 1967, usou punho de ferro contra a onda de greves, agitações e protestos nas universidades.

A Conferência Nacional dos Bispos do Brasil fez duras críticas aos métodos utilizados pelo regime e por uma parte conspícua da Igreja e, dirigida pelo novo arcebispo de Olinda e Recife, Dom Helder Câmara, posicionou-se a favor dos operários e estudantes. E assim, tivemos os primeiros padres e religiosos, chamados de "subversivos", nas prisões.

Esse estado de coisas provocou uma forte reação no General Costa e Silva, que, por intermédio de um decreto, aboliu, formalmente, todos os direitos civis e fechou o Congresso. Foram muitas as pessoas presas, torturadas, mortas ou desaparecidas por se oporem ao sistema político vigente, à ditadura militar, enquanto outras foram exiladas ou tiveram que fugir do país para não serem presas ou mortas. Por outro lado, o débito público diminuiu, a inflação foi contida, mas houve uma forte recessão econômica, que acarretou na presença cada vez maior de capitais e de empresas estrangeiras no país, em particular norte-americanas.

Esse breve quadro histórico-social facilita a compreensão do porquê de obras assistenciais como aquelas da Irmã Dulce terem cada vez mais "clientes".

A Associação Obras Sociais Irmã Dulce, por sua vez, fora reconhecida como de utilidade pública pelo município e, depois, pelo estado, e isso fazia pressupor que o governo iria dar subsídios; ao contrário, a situação política do momento havia levado a um aumento da solicitação por indigência, enquanto os subsídios estatais eram exíguos ou inexistentes. Assim, a sobrevivência dependia, essencialmente, da capacidade de Dulce de pedir esmolas, da generosidade dos cidadãos abastados e dos auxílios vindos do exterior.

Irmã Dulce costumava dizer com certa satisfação: "Não existe gente melhor do que aquela da Bahia. Cada dia que amanhece e em casa não temos nada, quando volto encontro sempre o necessário para aquela jornada".

Dessa maneira, as suas "flores" tiveram de multiplicar-se. Exatamente, as flores, porque quando ia pedir esmolas Irmã Dulce levava consigo uma sacola, onde colocava uma florzinha e a fechava. Quando a pessoa solicitada a fazer uma oferta a abria, encontrava a flor, ficava comovida e ajudava com uma esmola.

A flor, o sorriso e as palavras, mas, principalmente, a ação de Dulce, faziam com que as pessoas e as instituições contribuíssem. Porém, como podemos imaginar, esse afluente daquela grande bacia na qual tornaram-se as Obras Sociais não estava em condições de superar ou até mesmo equiparar-se com o defluxo normal desse tipo de atividade: como não podia deixar de ser, as dívidas aumentavam, vindo a diminuir com um auxílio consistente, para já no dia seguinte tornar a crescer.

A Congregação das Irmãs Missionárias da Imaculada Conceição, na verdade a proprietária das Obras Sociais, tinha assumido uma atitude de observação, não sem algum temor. Existia confiança e estima por Dulce, mas também havia preocupação pelos débitos e pelo crescimento dessas obras.

O fiel da balança, nesses casos, se desloca de acordo com os homens ou as mulheres que assumem a responsabilidade do governo.

Já em 1943, o conselho provincial decretara algumas medidas restritivas em relação a Dulce:

1º) Irmã Dulce não poderá ocupar-se da parte administrativa do Círculo Operário; deve se dedicar apenas às obras de beneficência.
2º) Observará, nas suas obras de zelo apostólico, o regulamento ditado pela superiora local no que diz respeito à carga horária de trabalho.
3º) Não poderá, sem a autorização das superioras maiores, uma vez que tudo depende delas, ampliar o campo de ação do Círculo Operário, orientando ou fundando outros setores.
4º) Não lhe é permitido tomar parte da direção do Círculo Operário, nem assinar promissórias ou outros documentos cuja responsabilidade seja do mencionado Círculo, nem assinar artigos que possam ser publicados.

5º) Exceto em momentos obrigatórios e nas festividades nas quais deva estar presente junto à escola do Círculo, não poderá participar de outras manifestações públicas [lembranças de Irmã Emília Rosa de Seixas Barros].

Em 1950, após o Capítulo Geral nos Estados Unidos, a provincial destinara ao convento Santo Antônio uma irmã alemã. Esta deveria substituir Irmã Dulce como superiora, enquanto ela teria de ir a Fortaleza, mas, por motivos de saúde, lhe fora desaconselhada a mudança de clima [lembranças de Irmã Querubina da Silva].

No ano de 1964, fora eleita, pelo Capítulo da Congregação, para a função de madre provincial, a Irmã Emília Rosa de Seixas Barros, uma mulher muito competente e preparada, mas intransigente no que se referia à observância da Regra [normas da Congregação].

Por ocasião da sua visita às casas da congregação em Salvador, estivera também no convento Santo Antônio, onde Dulce residia com as irmãs Paráclita, Anacleta, Hilária, Helenice e, também, com duas voluntárias leigas, a senhora Dalva Japiassu e a senhora Iraci Vaz Lordelo. Parecia a visita de rotina de um novo governo.

A provincial, no entanto, dera a entender imediatamente que pretendia fechar o convento Santo Antônio e mandar as componentes da comunidade para outras instituições. Irmã Dulce voltaria a fazer parte do Colégio Santa Bernadete: "Garantindo, assim, maior observância".

Dulce ficou petrificada e nem teve a coragem de falar, enquanto Irmã Hilária perguntava: "E os nossos assistidos?".

"Irmã Dulce poderá continuar a trabalhar nesse campo do Senhor durante todo o dia e, à noite, voltará ao Colégio

Santa Bernadete para os atos comuns e para dormir", havia respondido Madre Emília Rosa.

"Madre, não podemos deixar os nossos doentes, principalmente os crônicos, sem a presença de uma irmã, seja durante a noite ou durante o dia", continuou Irmã Hilária.

"Gostaria de lembrar-lhes de que a nossa congregação tem como objetivo não somente o lado educativo e social, mas, principalmente, a dimensão contemplativa. E a clausura? Uma irmã nossa não pode passar a noite fora do seu convento."

"Madre, me desculpe", interveio Irmã Dulce, "o nosso convento Santo Antônio parece nos permitir a clausura e a assistência: é um todo com a Obra".

"As nossas constituições servem para nos guiar: se elas tivessem de permitir exceções, como tem se verificado até agora, por que então mantê-las? Para que servem? As constituições devem ser observadas assim como as recebemos no momento da profissão, e as quais prometemos observar. Tanto a superiora-geral quanto o conselho geral e aquele provincial desejam retomar a observância em toda a congregação. A senhora, Irmã Dulce, e vocês irmãs têm sido exemplares na atividade realizada entre os pobres, os necessitados, mas eu lhes pergunto: Onde está a sua vida de comunidade? Se não me engano, vocês nunca estão presentes ou participam dos atos comuns: orações, refeições, recreação, ou qualquer outra coisa, porque o seu trabalho exige uma presença contínua. Por isso, nós, superioras, devemos zelar para que isso não aconteça. Devemos prestar contas de tudo ao Senhor. Nesses casos, devemos cumprir literalmente uma única regra: ou estamos dispostas à observância completa das constituições ou, Deus me perdoe, a porta..."

A fisionomia de Dulce, sempre pronta para o sorriso e para a alegria, foi coberta por um manto de tristeza. O pranto e a oração, a partir daquele momento, passaram a acompanhá-la noite e dia.

Obedecer? Ou desobedecer continuando a assistir os pobres?

Conversou com o seu confessor, visitou Frei Hildebrando, pediu o conselho dos santos sacerdotes e religiosos: "Fique no seu lugar", foi o que lhe disseram.

"Senhor, me ajude! Tenha piedade de mim! Me ilumine... me mostre o caminho que devo seguir!", implorou diante do crucifixo.

Solicitou uma audiência com a madre.

"Me dê um pouco de tempo para pensar", pediu.

"Pensar sobre a obediência? Ou se faz ou não se faz! O que há para pensar?"

Dulce, então, compreendeu que daquela intransigência nada podia esperar. A conclusão da provincial foi como uma ducha fria: "Eu lhe dou um conselho: peça para ser desenclausurada; desse modo, terá a oportunidade de pensar. De qualquer maneira, é preciso proteger a congregação do grave perigo que as Obras Sociais representam!".

Irmã Dulce fizera de tudo à procura de conselhos. O mesmo aconteceu com Madre Emília Rosa. Além do mais, o caso não podia ser resolvido pelos superiores regulares, mas envolvia, dada a notoriedade da pessoa e da sua atividade, a autoridade eclesiástica. Na realidade, ela fora falar com Dom Eugênio Araújo Sales, mas este, que havia acabado de ser nomeado administrador apostólico da arquidiocese, estava de partida para Roma, a fim de participar de uma das sessões do Concílio Vaticano II: pediu-lhe que esperasse até que ele voltasse para resolver a situação.

Em Roma, Dom Eugênio aproveitou para ouvir a opinião do Cardeal Augusto da Silva, que deu a entender que se Irmã Dulce viesse a abandonar as Obras isso acarretaria uma grande repercussão negativa sobre a Igreja local e sobre o Brasil.

De volta a Salvador, o administrador apostólico encontrou sobre a sua mesa a seguinte declaração do conselho geral da congregação com a nomeação de uma representante para tratar da questão:

> Nós, abaixo-assinadas, Madre M. Veneranda Bohlen, superiora-geral da Congregação das Irmãs Missionárias da Imaculada Conceição da Mãe de Deus, e as irmãs do seu conselho, declaramos que, em relação a tudo quanto foi decidido sobre o Albergue Santo Antônio (Salvador, Bahia), o nosso principal interesse é unicamente que os nossos direitos de propriedade sejam reconhecidos e que a sua administração seja garantida. Mas, em primeiro lugar, que a complicada situação seja resolvida de maneira que nenhum escândalo ou qualquer dano possa resultar para a Santa Mãe Igreja.
>
> Com grande confiança, passamos este delicado argumento às mãos de Vossa Excelência, o Administrador Apostólico Dom Eugênio Sales, esperando que a sua competência e capacidade na presente situação sociorreligiosa possa nos ajudar a dar os passos necessários para a solução e para o bem das partes envolvidas.
>
> Desejamos manifestar a Vossa Excelência o nosso profundo reconhecimento pelo seu interesse e pela paterna solicitude dispensada a todas nós.
>
> Declaramos, também, estar de acordo com tudo o que for estabelecido com relação à matéria por Vossa Excelência, o administrador apostólico, juntamente com a Madre Emília Rosa de Seixas Barros, superiora provincial da nossa Província de Santa Cruz, e Irmã M. Escolástica Hilmer, nossa representante nesta questão.

Middleville, Nova Jersey [Estados Unidos],
19 de novembro de 1964
Madre M. Veneranda Bohlen, s.m.i.c., superiora-geral
Irmã Mary Grace Eisinger, s.m.i.c., secretária-geral
Irmã Maria Caríssima Rocha, s.m.i.c,. assistente-geral
Irmã M. Bernadete de Castro, s.m.i.c., assistente-geral

O administrador apostólico encontrou-se diante de um outro fato consumado: a solicitação para desenclausuração de Irmã Dulce.

Dom Eugênio convocou-a e percebeu que o que podia parecer um sinal de desobediência, recusando-se a se afastar do Hospital Santo Antônio, na realidade deveria ser considerado como algo "necessário". "Desobediência a favor do bem comum de tanta gente que, de outro modo, ficaria sem qualquer proteção", pensou. Mas por que já fora feita a solicitação para desenclausuração?

Irmã Dulce não lhe escondeu tudo quanto acontecera: a madre provincial enviara-lhe a solicitação já pronta e a ordem decisiva para que se afastasse imediatamente das obras ou assinasse a saída da congregação.

O arcebispo percebeu que a situação era muito delicada para a Igreja de Salvador, pois Dulce possuía muito prestígio, não apenas por causa da sua família, mas, principalmente, pela sua dedicação a favor dos necessitados. Por esse motivo, colocou em primeiro lugar o bem comum da Igreja Católica de Salvador e deu todo o seu apoio à religiosa, apesar de ter procurado, ao mesmo tempo, atender às exigências da congregação.

A partir do momento em que a provincial resolvera dissolver a comunidade do convento Santo Antônio, já se podia pensar em retirar as irmãs destinadas para outros lugares e deixar ali somente Irmã Dulce. Tendo sido encontrada a solução, surgiu, de repente, um outro problema: o hábito.

A representante, Irmã M. Escolástica Hilmer, desejava que Dulce retirasse o hábito da congregação ou pelo menos que o mudasse, uma vez que se encontrava desenclausurada.

"Nunca tive a intenção de me separar nem nunca terei", respondeu Dulce decidida, "quero morrer como religiosa, membro da nossa congregação."

Dom Eugênio procurou resolver o problema, colocando Irmã Dulce sob a sua obediência direta e deixando que ela escolhesse o modo de se vestir. Em seguida, sugeriu tudo o que Irmã Dulce escrevera na carta do dia 20 de dezembro à Madre Emília Rosa:

> Reverenda madre provincial, após alguns encontros pessoais com o Excelentíssimo Administrador Apostólico, o arcebispo da Bahia, Dom Eugênio Sales, comunico à Vossa Reverendíssima o que segue abaixo:
> 1. estou de acordo com a retirada das nossas irmãs do trabalho no Hospital do Albergue e também dos outros serviços;
> 2. em conformidade com a sugestão do excelentíssimo arcebispo, deverá haver um espaço de tempo para a permanência e a retirada das irmãs, pelo menos o tempo necessário e determinado pela congregação. Fixamos, de comum acordo, o prazo máximo de dois meses;
> 3. a Congregação das Irmãs Missionárias da Imaculada Conceição não terá nenhuma responsabilidade com relação às obras de construção e às outras despesas feitas por mim.

E chegou o dia em que as freiras que compartilharam as alegrias, dores, fadigas tiveram de deixar as Obras Sociais de Dulce: um dia muito triste para todas. No entanto, ela procurou reagir e encorajar as outras, dizendo: "Nada deverá dificultar o nosso caminho em direção ao céu. Tristeza, desconforto, dúvidas, problemas de qualquer espécie, nada disso deve contribuir para o enfraquecimento da nossa vocação".

Cada uma delas partiu para exercer as novas funções e para merecer os louvores do céu.

Permaneceram no convento, cooperando com Irmã Dulce, somente as duas voluntárias leigas, Dalva e Iraci. A meia-irmã Ana Maria e a sua irmã Dulcinha, que morava no Rio de Janeiro, ficaram a seu lado e vieram morar junto dela por longos períodos para ajudá-la e dar-lhe conforto.

"Quando a Madre Emília Rosa retirou as irmãs", escreveu Dulce, "vários sacerdotes e outras pessoas solicitaram que eu me filiasse a uma outra congregação ou fundasse uma. Não aceitei, renovando sempre, no íntimo do meu coração, a minha primeira escolha."

A dor de Irmã Dulce foi grande, mas ela soube suportá-la, demonstrando sempre bom humor e aquela devoção que sentia por servir a Jesus Cristo na pessoa do pobre. Não alimentou rancores nem fez queixas.

"Quando a madre provincial, Emília Rosa, retirou as irmãs do hospital, Irmã Dulce sofreu muito, mas não alimentou nenhum rancor em relação a ela. E todos os dias rezava pela madre. Quando a provincial passava pela Obra, Dulce a tratava com toda a atenção e afeto, como se nada tivesse acontecido. Ela nunca me disse que aquela era a madre que a fizera sofrer tanto", relembra Irmã Olívia Lucinda.

Vestida como Missionária da Imaculada Conceição – sempre com aquele hábito que a fascinara desde moça –, continuou a observar a sua vida religiosa integralmente, como antes, residindo sempre no convento Santo Antônio.

A sua *Via crucis* como desenclausurada iria durar por dez longos anos.

Capítulo 19
ACEITO O PEDIDO DE PRORROGAÇÃO DA DESENCLAUSURAÇÃO

Os anos 1960 foram particularmente intensos para Irmã Dulce, quer pelo seu trabalho, quer pelo seu empenho na administração das Obras. Era necessário providenciar diariamente recursos para a manutenção de tudo quanto fora feito em Salvador com o Albergue Santo Antônio, que se estava transformando em um novo hospital, e também em Simões Filho, onde o Centro de Recuperação estava assumindo as características de uma verdadeira cidade dos rapazes.

Ela sentia profundamente a falta das demais freiras. Por algum tempo sequer recebeu a visita de alguma delas. Às vezes, esse sofrimento se tornava fonte de outras amarguras, já que os abastados falavam da sua escolha com desdém. Na realidade eram poucos, mas, mesmo assim, quando uma criança chora faz mais barulho do que cem adultos.

Depois de quase três anos, o contato com a superiora-geral foi retomado parcialmente, já que esta, sempre que a ocasião se apresentava, desejava apenas sondar as intenções de Dulce. Ela, porém, sentia apenas alegria por não ter sido esquecida. Assim, através desses contatos ficavam conhecendo a sua atividade, seu estado de espírito, sua inabalável confiança na Providência e tantos outros aspectos que as nossas palavras não seriam capazes de reproduzir.

Podemos ler na sua primeira carta depois de certo tempo:

> Cara madre, recebi a sua carta. Fiquei muito honrada porque há muito tempo não recebia uma carta tão boa. Eu continuo como sempre, trabalhando muito. A senhora pode ficar tranquila, pois estou me ocupando com as mesmas coisas do tempo em que estava com as outras irmãs, com uma única diferença: tenho muito mais trabalho. Não repare a letra, porque pedi a uma moça daqui para escrever, pois quebrei o braço direito; mas continuo trabalhando do mesmo jeito. Não me esqueço da senhora e das irmãs. O hospital está cheio de doentes. Um benfeitor construiu um pavilhão para colocarmos 60 enfermos. Há quinze dias estive com Dom Eugênio [Sales]... [carta, com data de 16/3/1967, de Irmã Dulce à Madre Veneranda Bohlen – superiora-geral no período de 1958 a 1970].

E, concluiu, dizendo que estava assinando com a mão esquerda. Ela nunca poderia imaginar que em poucos dias receberia uma outra carta à qual respondeu de maneira bem mais articulada e fornecendo muitos outros pequenos detalhes.

> Reverendíssima Madre Veneranda Bohlen, recebi a sua carta do dia 16 p.p. As palavras gentis me comoveram imensamente e fizeram com que eu percebesse que ainda continuo a merecer a sua estima e o seu apoio. Fiquei moralmente confortada e mais uma vez recebi um estímulo para superar as dificuldades do dia a dia e, particularmente, as incompreensões de alguns com relação aos meus propósitos de servir bem a Deus e aos pobres.
> Confesso ter ficado enternecida com as suas delicadas expressões e, principalmente, com as orações a Nosso Senhor para que nele tenha a força, o apoio de que necessito para poder cumprir a missão de que ele me incumbiu.
> Certamente a senhora está informada sobre a situação econômico-financeira que vivemos no Brasil. Posso avaliar os reflexos dessa situação quando compro alimentos, remédios

e tudo que é necessário para manter os serviços assistenciais da nossa associação. Não pude deixar de recorrer ao Excelentíssimo e Reverendíssimo Dom Eugênio Sales, e estou certa de que ele irá me ajudar. Renovo, minha cara e sempre lembrada madre veneranda, os meus sinceros agradecimentos pela gentileza de sua carta, pelo apoio moral e espiritual que nela encontrei [carta de Irmã Dulce à Madre Veneranda Bohlen, de 22/3/1967].

Passado o Natal, Dulce recebeu um cartão com um cheque, graças ao qual comprou um par de sapatos e outras miudezas. Agradeceu-lhe e perguntou-lhe se ela estava disposta a renovar a sua permanência fora da congregação, já que estivera com o arcebispo e ele lhe dissera que somente a madre-geral poderia conceder-lhe a renovação. Assim, informava:

> Continuo como sempre. A miséria e os pobres aumentam cada vez mais e os recursos são poucos. A minha saúde tem altos e baixos; estou mais magra. Celebramos missa todos os dias e os doentes são assistidos por um padre idoso, mas muito prestativo [carta de Irmã Dulce à Madre Veneranda Bohlen, de 28/12/1967].

Passaram-se dois anos. O trabalho a absorvia completamente e ela sentia o grande peso da solidão sobre os seus ombros. As freiras que antes vinham, pelo menos, fazer-lhe uma visita, nunca mais apareceram. E desejava frisar que a sua vida de oração continuava imutável e, principalmente, fazia questão de desmentir qualquer boato maldoso a respeito do hábito:

> Cara madre, pode ser que a senhora ache que me esqueci da senhora porque nunca mais escrevi... Foi a falta de tempo, mas não me esqueci da boa madre e, todas as vezes que rezo o terço com os doentes, peço a Deus pela senhora. Continuo, como sempre, com muito trabalho. Recebo a Santa Comunhão todos

os dias e faço as minhas orações. Visto sempre o hábito santo de Maria Imaculada e com ele espero morrer. Não mudei de hábito. Espero que Deus me conceda a graça de preservá-lo até o fim. Aqui na Bahia, somente eu uso o hábito azul e branco. Nunca mais vi as nossas irmãs. Aquelas que vinham sempre me visitar eram Irmã Gaudência, Escolástica e Constância. Estou sozinha; não só, porque estou com Deus. Às vezes, sinto saudades dos bons tempos do noviciado, dos primeiros anos. Agora só tenho Deus e o trabalho, que é muito difícil e duro. Mas tudo aquilo que se faz por Deus na pessoa do pobre é pouco. Quando a senhora puder me mandar algum dinheiro, serei muito grata. Estou precisando de sapatos e de camisas. O hábito e o escapulário eu ainda tenho. Por favor, mande também terços e santinhos para os doentes [carta de Irmã Dulce à Madre Veneranda Bohlen, de 8/5/1969].

O trabalho com os doentes, as obras de ampliação e de construção do hospital, o centro de Simões Filho, as necessidades dos pobres, o pedido de esmolas para o sustento de todo aquele imenso aparato, dá medo só em pensar. E, como se não bastasse, o vencimento do período de desenclausuração continuava a pender sobre a sua cabeça: abandonar tudo e voltar para o seio da congregação ou pedir a prorrogação?

Não havia dúvidas. Mas, tudo isso provoca arrepios, quando lemos as suas palavras:

> Reverenda madre-geral, somente hoje posso responder às duas cartas que a senhora me mandou e agradecer o cheque pelo qual fico muito grata à senhora. O trabalho aumentou muito, já que não existe um hospital para os pobres em Salvador. Somente o nosso. Eu continuo sempre da mesma maneira, não descuido da minha Santa Comunhão e das minhas orações. A minha vida é toda dedicada a Deus e aos pobres.
> Com relação à desenclausuração, é um problema que devemos resolver, pois não posso deixar o hospital desamparado, principalmente durante a noite. Sinto muitas saudades das irmãs,

> da comunidade, mas enfrento até mesmo este sacrifício pelos pobres. Por tudo isso, peço-lhe que me conceda um pouco mais de tempo; eu lhe agradeço de todo o coração. Veja se é possível obter outros dois ou três anos. Estou um pouco melhor de saúde, apesar de ter perdido muito peso.
> Anexo um artigo sobre o nosso hospital. Dom Eugênio [Sales] ficou muito satisfeito e elogiou publicamente o nosso trabalho. [...] Eu gostaria que a senhora me mandasse uns duzentos terços e santinhos para os doentes. Ah! Precisamos também de paramentos verdes para a nossa capela.
> Adeus, cara madre! Abençoe a filha que lhe quer muito bem e que deseja morrer como Irmã Dulce, Missionária da Imaculada Conceição [carta de Irmã Dulce à Madre Veneranda Bohlen, de 6/2/1970].

Quando lhe comunicaram a prorrogação da desenclausuração, ela agradeceu infinitamente à superiora, frisando, sempre, que era "a única que se lembra de mim" e aproveitando para lhe mandar a fotografia do novo hospital.

> Anexo uma fotografia do hospital. A senhora se lembra daqueles barracos de madeira em frente do convento? Foi lá que construímos o novo hospital. Mando também uma fotografia tirada junto com o governador. E o Cardeal Dom Eugênio gostou muito do hospital. Como vão as irmãs? Me lembro sempre de todas. Peço que rezem por mim. Agradeço-lhe novamente de todo o coração pelo bem que me fez. A saúde vai bem, graças a Deus [carta de Irmã Dulce à Madre Veneranda Bohlen, de 20/2/1970].

Ao ser informada da eleição da nova superiora-geral, Madre Maria Pia Nienhaus (superiora-geral no período de 1970 a 1976), Dulce escreveu-lhe para comunicar tudo o que fora feito até aquele momento, fornecendo também algumas cifras:

> Graças a Deus, estou bem, apesar do grande volume de trabalho. Temos 305 doentes internados no nosso pequeno

hospital, que também já é hospital-escola, com 12 cirurgiões e 170 estudantes que trabalham para os pobres. A nossa despesa mensal é de 35 mil cruzeiros, no entanto, a Divina Providência nunca nos abandonou. [...] Fique tranquila com relação a mim. Serei Irmã da Imaculada Conceição até o fim, com a graça de Deus [carta de Irmã Dulce à Madre Maria Pia Nienhaus, de 3/1/1971].

Tudo quanto foi dito por Irmã Dulce poderia parecer um exagero, mas basta folhear os jornais da época para percebermos que ela estava mais inclinada a redimensionar a sua obra do que a aumentá-la. É muito interessante o que podemos apreender de uma entrevista sua a um jornalista do *Jornal da Bahia*, em 15/8/1971:

"Irmã Dulce, a senhora é uma santa?", perguntara-lhe à queima-roupa o jornalista João Santana Filho.

"Não, sou uma pobre filha de Deus", foi a sua resposta.

E o jornalista comentara: "E essa pobre filha de Deus enfrenta uma luta de gigantes. Esquecida por alguns, lembrada por outros, para ela não há tempo para o esmorecimento. O seu hospital, que hoje conta com quase quinhentos leitos, começou a partir de um galinheiro. O albergue, o centro educacional começaram, quando, um dia, a frágil freirinha arrombou a porta de uma casa abandonada" [...].

"Prefiro trabalhar em silêncio. O importante é fazer a caridade, não falar da caridade", continuara Dulce. "Não me cansei, esta é a minha missão. Considero tudo o que foi conseguido até hoje como um milagre de Deus."

Sobre a sua vida, os seus esforços, ela nada tem a declarar, fora a conclusão forçada do jornalista.

"Vale a pena falar sobre mim mesma?", perguntara tranquila.

"Talvez a senhora tenha razão, não é necessário falar sobre a sua vida. Ela está presente em todo aquele mundo que a senhora construiu", comentou.

E continuou: "O Hospital Santo Antônio possui quatrocentos leitos e dá atendimento a um número incalculável de pessoas que têm necessidade de serem internadas. Todos os dias há uma fila interminável diante do hospital. Irmã Dulce tem sempre uma palavra de conforto para todos.

Todas as suas instalações foram remodeladas recentemente e o hospital ainda está em fase de organização. O número de doentes é muito grande e o hospital não pode abrigar a todos. Isso entristece Irmã Dulce, que irá comemorar o aniversário da sua profissão religiosa com um problema: o hospital possui um número muito grande de pacientes, mas não existem leitos para todos. Esta semana, uma parte da câmara mortuária deverá ser usada como alojamento para os vivos...".

Irmã Dulce acrescentara: "O importante é o amor, a caridade. Não apenas a esmola, mas a caridade de uma pessoa pela outra, sem distinções. A esmola ajuda a resolver o problema em parte, mas todos devem se ajudar reciprocamente. Aqui no nosso centro não nos limitamos a dar esmolas: nos esforçamos para dar às pessoas a possibilidade de melhorarem de vida".

O jornalista continuara o seu artigo com a constatação de que ela vivia cada dia com uma grande dedicação. Acordava cedo e saía à procura de ajuda. Recebia subsídios estaduais, mas as despesas eram sempre crescentes.

"O dinheiro é pouco, mas também os governos estão atravessando um momento difícil", comentara Dulce.

O homem havia tentado abordar esse assunto com ela, mas constatou que Dulce não reclamava de ninguém, "todos são bons para ela". Em seguida, fez com que ela falasse sobre as coisas de que gostava e, principalmente, que dissesse o que pensava sobre a juventude.

Irmã Dulce gostava de música, pássaros e flores. "Também gosto muito da juventude, que é boa e entusiasta. As roupas, a moda, ninguém pode reprová-los. Devemos respeitar as novas ideias", dissera.

A sua paz interior e o amor, a paixão por tudo aquilo que fazia tinham alimentado a criança que existia dentro dela: dessa maneira, a sua alma, agora com quase sessenta anos, havia conservado ainda intacta aquela ingenuidade, aquela alegria, aquele frescor que haviam caracterizado a sua juventude. Tudo isso podia ser percebido pelos seus interlocutores e ainda hoje pode ser percebido em suas palavras, em suas expressões, em seus gestos...

Tudo que conseguia era somente para os pobres e nem ao menos um centavo conservava para si mesma, seja para qualquer coisa de que necessitasse: afinal, fizera o voto de pobreza.

Ficamos enternecidos ao ler expressões como a que segue, colocada no final de uma carta enviada à nova superiora-geral: "Se a senhora puder, me ajude a comprar um par de óculos" (carta de Irmã Dulce à Madre Maria Pia Nienhaus, de 12/11/1971).

Capítulo 20

A READMISSÃO NA CONGREGAÇÃO

A caridade de Irmã Dulce era ilimitada e ela não se considerava satisfeita com os meios à sua disposição para assistir os mais necessitados. Muitas vezes teve que adaptar um setor para poder socorrer o maior número possível de pobres.

No entanto, o problema maior não consistia na construção material dos pavilhões e dos edifícios necessários para realizar a obra de caridade; para esse fim, era muito fácil encontrar quem contribuísse. O senhor Norberto Odebrecht, na realidade, encarregava-se da construção e muitos outros ofereciam dinheiro para possibilitar a concretização daqueles projetos. A grande dificuldade era manter toda aquela estrutura em funcionamento.

Até aquele momento, as coisas estavam bastante desorganizadas, pois, mesmo com a existência de uma associação que deveria ajudá-la, na realidade toda a responsabilidade ficava sobre os seus ombros.

Muitos se ofereciam para trabalhar como voluntários com Irmã Dulce e, segundo as normas sociais, isso estabelecia um vínculo empregatício. Mas ela, por sua vez, não percebia os graves problemas que poderia ter caso não estivessem agindo de boa-fé.

Isso não fazia parte da mentalidade e da opinião que Irmã Dulce tinha do próximo, mas algumas pessoas competentes estavam plenamente convencidas daquele risco e, assim, começaram a aconselhá-la no sentido de transformar a associação em fundação. Dessa maneira, a instituição, que possuía a necessidade constante de dinheiro para sobreviver, não ficaria sujeita à precariedade diária; ao contrário, poderia contar com um fundo que lhe permitiria funcionar bem, mesmo nos momentos ou períodos difíceis.

"E a Providência? Agindo dessa maneira, demonstramos não ter confiança na Providência", respondia Dulce com perplexidade.

Quando as solicitações do novo arcebispo Dom Avelar Brandão Vilela (sucessor de Dom Eugênio Sales, nomeado cardeal pelo Papa Paulo VI, em 1969, e transferido para a arquidiocese do Rio de Janeiro em 24 de abril de 1971) somaram-se àquelas do Doutor José Joaquim Moraes de Carvalho e do senhor Ângelo Calmon de Sá, fazendo com que entendesse o quanto era importante usar a prudência e a perspicácia, ela cedeu com relutância.

É importante ressaltar a ênfase que foi dada à necessidade de salvar a Obra, levando em consideração a saúde delicada de Dulce. Assim sendo, chegou-se, finalmente, a uma Declaração de Vontade, tendo em vista a transformação que se fazia necessária. [A declaração, com data de 22/9/1974, foi registrada no dia 1º de outubro de 1974 – Registro especial de títulos e documentos n. 40.056, B-85.]

Eis o texto redigido por Dulce, conforme lembranças dos senhores Norberto Odebrecht e Ângelo Calmon de Sá:

> Sempre com maior preocupação pelo futuro da Associação Obras Sociais Irmã Dulce, após diversas consultas e com o total apoio do conselho geral, resolvi convocar uma reunião extraordinária deste organismo para transformar a Associação Obras Sociais Irmã Dulce em fundação.

Se neste ínterim essa transformação não for realizada e, na eventualidade de minha morte, é minha determinação e declaração de última vontade que a direção da Associação Obras Sociais Irmã Dulce seja entregue a uma comissão composta pelos senhores: Doutor Manoel Joaquim de Carvalho Júnior, Adalício de Almeida Santos e Doutor José Joaquim Moraes de Carvalho, os quais deverão assumir a inteira responsabilidade de continuar a modesta obra que Deus, por meu intermédio, dignou-se a realizar, assim como de cuidar e zelar pela continuação e a execução das suas finalidades.

A escolha desses nomes não representa nenhum demérito para todos aqueles que tão generosamente ajudaram e ajudam a manter a instituição. A escolha desses nomes representa somente uma preocupação minha em deixar a instituição nas mãos de amigos dedicados, que conheçam os nossos problemas e os nossos sofrimentos diários.

Insisto, para a minha tranquilidade espiritual, que Deus nunca permita que o Hospital Santo Antônio se transforme em fonte de renda sob qualquer pretexto, conservando sempre a sua finalidade de atender aos pobres, aos doentes e aos necessitados gratuitamente e com toda a dedicação.

Deus, que tanto nos ajudou nas horas difíceis, certamente não abandonará aqueles que se propuserem a tutelar e a manter a instituição em suas finalidades, às quais tanto me dediquei.

Estou tranquila, com a certeza de que, apesar de não ter nenhum mérito, a minha declaração de última vontade será respeitada. Deus irá zelar e abençoar a todos.

A essa altura, Irmã Dulce julgou ter organizado as coisas de tal maneira que não fosse preciso fazer uma ulterior solicitação de desenclausuração. Estava confiante; mesmo porque a provincial era outra e, talvez, não mais mantivesse aquela posição de intransigência que fora a origem de tantos sofrimentos. As coisas não eram assim tão simples e fáceis, já que os preconceitos e medos permaneciam. No entanto, dessa vez havia a disponibilidade para que o caso fosse reexaminado.

No dia 16 de maio de 1975, Dulce escreveu à Irmã Maria Auxiliadora Graça Leite (superiora provincial no período de 1973 a 1976) o que segue:

> Em virtude do término, no próximo dia 22, do período para a minha desenclausuração, venho solicitar à reverenda madre provincial e ao seu conselho a minha plena reintegração em nossa Congregação das Irmãs Missionárias da Imaculada Conceição da Mãe de Deus, da qual nunca pretendi me separar nem irei pretender nunca: quero morrer como religiosa, membro da nossa congregação.
>
> Assim que a Madre Emília Rosa de Seixas Barros retirou as irmãs do convento Santo Antônio, diversos sacerdotes e outras pessoas me aconselharam a me filiar a uma outra congregação ou a fundar uma nova... Não aceitei, renovando sempre no fundo do meu coração a minha primeira escolha.
>
> Repito que jamais passou pela minha cabeça a intenção de deixar a congregação e, se assinei o documento de solicitação de desenclausuração, foi por ordem da provincial naquela época. Agora, acredito que a atual provincial e o seu conselho nada tenham contra a reintegração de uma irmã que, durante dez anos de desenclausuração, permaneceu fiel à sua vocação.
>
> Falei com Sua Eminência, o senhor cardeal arcebispo primaz, Dom Avelar Brandão Vilela, o qual apoia a minha solicitação.

A provincial e o seu conselho movimentaram-se rapidamente: escreveram ao Papa Paulo VI, solicitando a reintegração, e ao arcebispo primaz, a quem enviaram, também, um resumo da ata do conselho. Na realidade, surgira um problema: se Dulce fosse reintegrada à congregação, sendo presidente das Obras Sociais, qual teria sido a responsabilidade da própria congregação sobre estas?

Dom Avelar solicitou uma declaração da direção das Obras Sociais e procurou um advogado especializado no assunto para ouvir o seu parecer. O advogado Barachísio

Lisboa estudou o caso e enviou-lhe um relatório detalhado sobre a questão, no qual ficava evidenciado o fato de que a congregação não possuía nenhum vínculo jurídico ou de qualquer outra natureza com a associação e, com base no Direito brasileiro, "esta associação, assim legalmente constituída, possui uma existência distinta da pessoa física Irmã Dulce, como de todas as outras que compõem o quadro associativo" (carta de 29/8/1976).

Fortalecido por esse parecer, Dom Avelar Brandão Vilela – que se tornara cardeal em 1973 – foi ter diretamente com a superiora-geral, Irmã Pia Nienhaus:

> Venho lhe fazer um apelo com relação à readmissão de Irmã Dulce na congregação. Acredito que tenha chegado o momento de dar-lhe esse conforto espiritual. Ela deseja, ardentemente, merecer essa graça. E, de fato, merece-a. O caso de Irmã Dulce deve ser enquadrado de maneira particular. [...] Considero que a concessão solicitada seria uma obra de caridade e de justiça. Por outro lado, não existe nenhum perigo em relação ao compromisso financeiro. Leia com atenção a declaração dos diretores da Obra e o parecer do eminente advogado Barachísio Lisboa [carta de 5/9/1975].

A essa altura, a superiora-geral e o conselho, persuadidos pela documentação anexada, tomaram as providências necessárias junto à Congregação dos Religiosos em Roma.

Irmã Maria Auxiliadora Graça Leite, a provincial, dois dias antes do término do seu mandato teve o prazer de enviar ao arcebispo:

> uma cópia da carta circular que hoje tivemos a felicidade de transmitir à nossa província para comunicar a plena reintegração de Irmã Dulce na congregação. Na ocasião, queira Vossa Eminência aceitar os nossos agradecimentos pelo interesse sempre demonstrado por Irmã Dulce e, de modo particular, pela causa de sua plena reintegração [carta de 2/1/1976].

Assim, Dulce recebeu a comunicação oficial de que a congregação a havia aceitado em seu seio novamente. Como sempre, ela fora ao convento Dom Amando, onde ficava a sede da província. Irmã Eufrásia Ferreira Costa (provincial no período de 1976 a 1984) havia comunicado a notícia às freiras. E, então, uma delas dera a Dulce as congratulações pelo retorno à congregação. Dulce olhou-a sorrindo e respondeu-lhe: "Irmã, aceito as congratulações, mas não posso dizer que voltei, porque nunca fui embora daqui".

No entanto, ao que parece o homem não pode jamais ser completamente feliz nesta terra: frequentemente uma grande alegria corresponde a uma grande dor e vice-versa. Irmã Dulce não podia fugir a essa regra.

No dia 26 de fevereiro de 1976 o pai dela viria a falecer. Dulce diria, dali em diante, sem meias palavras, que aquele tinha sido o dia mais triste de toda a sua vida. Na realidade, o Doutor Augusto fora sempre a sua sombra e o seu apoio em todos os momentos de sua existência.

Capítulo 21

O ENCONTRO COM O PAPA JOÃO PAULO II

No mês de julho de 1979, o Cardeal Arcebispo Dom Avelar Brandão Vilela convidou Madre Teresa de Calcutá para ir a Salvador, por ocasião da abertura de uma casa em Alagados. Irmã Dulce aproveitou a oportunidade para conhecer aquela personagem famosa que estava para receber o Prêmio Nobel da Paz.

Ela começava a se preocupar com o futuro da Obra, por isso, assim que surgiu uma oportunidade e, com a ajuda de um intérprete, perguntou à Madre Teresa se podia contar com ela.

Madre Teresa se esquivou, dizendo que o trabalho realizado por Dulce era diferente do seu e acrescentou: "Eu desejo trabalhar para os pobres, mas sem a responsabilidade financeira" (*Tribuna da Imprensa*, Rio de Janeiro, 14/3/1992).

Mas, juntamente com esse convite do cardeal, motivado pela afirmação: "Não conheço uma testemunha maior de amor pelos humildes" [revista *Veja*], houve um forte protesto na imprensa de Salvador e nacional, no qual se dizia que, sem nada tirar dos méritos de Madre Teresa, na realidade, Irmã Dulce se ocupava há mais de quarenta anos dos pobres mais pobres em Salvador (*A Tarde*, 31/7/1979). Naquela época, como em todas as épocas, prevaleceu esta expressão de Cristo: "Ninguém é profeta na sua própria terra" (cf. Lc 4,24).

***

Chovia forte e soprava um vento irritante naquele 7 de julho de 1980, quando o Papa João Paulo II aterrissou no aeroporto de Salvador para a sua primeira visita ao Brasil.

O General Gustavo Moraes Rego fez questão de que Irmã Dulce comparecesse entre as autoridades que iriam receber o pontífice, ou melhor, conduziu-a no seu próprio automóvel.

Dulce estava tão emocionada por encontrar o Papa, que nem conseguia falar.

Em seguida, quando houve a celebração no centro de Salvador, havia aproximadamente meio milhão de pessoas em festa. O ritmo dos atabaques, agogôs e berimbaus fazia com que Salvador parecesse a capital africana do Brasil. Foi uma festa tipicamente baiana, envolvente, que conseguiu arrancar muitas lágrimas.

No final da celebração, Irmã Dulce foi convidada a subir ao altar para receber a bênção especial do pontífice. Houve um momento de silêncio no meio daquela imensa massa de gente, quando todos viram a sua frágil figura branca e azul subir os degraus do grande palco onde fora montado o altar. O vento agitava as suas vestes e parecia querer levá-la dali de um momento para o outro. Quando ela se ajoelhou diante do papa, a multidão explodiu em aplausos, que se misturaram ao som dos instrumentos de percussão, dos fogos de artifício, dos gritos de alegria... "Ela merece", "Viva Irmã Dulce", "Irmã Dulce é nossa mãe"... O amor que Salvador nutria pelo seu "anjo da guarda" pôde se manifestar livremente.

O papa retirou do bolso um rosário e ofereceu a ela, dizendo: "Continue, Irmã Dulce, continue", em seguida, os dois conversaram. O que eles disseram não pudemos saber, pois a modéstia e a humildade foram mais fortes e Dulce jamais revelou o conteúdo daquela conversa a ninguém. Disse apenas que "sentia muita vergonha ao ouvir toda aquela gente gritando o seu nome".

Ao despedir-se de João Paulo II no aeroporto, ele recomendou-lhe: "Continue, irmã, mas cuide da sua saúde. É necessário que a senhora se poupe um pouco mais".

A fragilidade e a fraqueza de Dulce não passaram despercebidas ao pontífice. Na verdade, dali a poucos dias ela teve de ser internada em uma clínica cardiopulmonar devido a uma forte crise respiratória.

Passaram-se aproximadamente vinte dias antes que ela pudesse apresentar alguma melhora e, para que ficasse mais tranquila, sua irmã Dulcinha veio do Rio para substituí-la e atender às necessidades da Obra.

Quando Irmã Dulce retornou ao Hospital Santo Antônio, chorou de emoção ao encontrar-se diante dos rapazes, velhos, doentes, empregados, médicos, voluntários e das irmãs Olívia e Emerência, da sua congregação, que a receberam com festa. As duas voltaram ao convento nessa ocasião para constituírem a comunidade e para ajudá-la.

Aquelas grandes e pequenas expressões de amor foram para ela como uma linfa vital.

***

Irmã Dulce sabia muito bem onde queria chegar e fazia de tudo para conseguir os objetivos aos quais se propusera. No entanto, acatava as observações feitas pelas pessoas competentes nos setores para os quais não estava preparada.

Na realidade, depois de ter redigido a Declaração de Vontade com vistas à transformação da associação em fundação, ela apoiou-se na competência do cardeal [Dom Avelar Brandão Vilela], assim como nos especialistas do setor jurídico e econômico para a elaboração do estatuto. Tomava conhecimento de tudo e discutia o seu conteúdo para poder compreender melhor. Demonstrava, uma vez mais, possuir uma grande firmeza sem criar, no entanto, nenhum tipo de atrito. Nas discussões em que existisse alguma divergência, ela nem ao menos se irritava, esperando, com paciência e determinação, o momento oportuno para fazer aquilo que julgava conveniente.

A recente crise respiratória foi o pretexto para que os colaboradores fizessem propostas no sentido das iniciativas a serem tomadas para garantir o futuro das Obras.

Uma vez aceita a ideia de criar um fundo financeiro, Dulce foi até as grandes indústrias do polo petroquímico de Camaçari, que muito a ajudaram nesse sentido.

Finalmente, em 1981 nasceu a Fundação Irmã Dulce, tendo sido chamados para fazer parte do conselho de administração: Ângelo Calmon de Sá, na qualidade de presidente, Norberto Odebrecht, Euvaldo Luz, Mamede Paes Mendonça, Paulo sérgio Tourinho, Humberto Castro, Jorge Calmon, J. J. Calmon dos Passos, Taciano Francisco de Paula Campos e José Joaquim Moraes de Carvalho (cf. Pontes, p. 125).

Depois disso, o projeto de um novo hospital ocupou Irmã Dulce excessivamente na obtenção dos fundos para a construção, fazendo com que ela recorresse a todo e qualquer tipo de iniciativa. Ela aceitou, até mesmo, aparecer na televisão:

Tudo o que puder ajudar a Obra eu considero bom. Durante muitos anos pouco falei aos jornais, à televisão, pois intimamente me sinto, até hoje, muito embaraçada e cheia de vergonha. Mas entendi que era uma necessidade e, ultimamente, tenho me mostrado mais. No entanto, não existe a mínima sombra de vaidade, mesmo porque sei perfeitamente que não sou eu quem está agindo. É Deus. Depois, não vejo nada do que é publicado pelos jornais ou que aparece na televisão (Pontes, p. 95).

E foi assim que a transmissão do programa *Caso Verdade*, pela TV Globo, deu a conhecer a obra de Dulce ao Brasil inteiro "como uma lição de solidariedade humana de alguém que dedicou a própria vida aos mais pobres entre os pobres".

Enquanto isso o hospital ia ganhando novos pavilhões, que entraram em funcionamento em janeiro de 1983. Eram "simples, mas com muita luz e ventilação, a fim de proporcionar aos doentes condições mais humanas e facilitar as terapias médicas", escrevia Dulce à nova superiora-geral, Madre Ruthanne Steiner, e acrescentava:

> O nosso Hospital Santo Antônio é o único no estado que não recusa os doentes a qualquer hora do dia ou da noite. É um milagre da Divina Providência! Temos 52 médicos voluntários que trabalham com grande dedicação para 436 doentes. No ano que vem [janeiro de 1983, com o acréscimo dos novos pavilhões], teremos a possibilidade de assistir 800 internados, gratuitamente. Entre o hospital e o orfanato, contamos com 200 empregados remunerados. No orfanato, existem 170 jovens órfãos. Eles estudam, aprendem alguns ofícios, trabalham como carpinteiros e, também, na agricultura. Todos os dias rezam o terço na igreja do colégio. No dia 18 faremos as primeiras comunhões e os batizados de muitos deles [carta à Madre Ruthanne Steiner, de 9/12/1982].

Como podemos deduzir das suas próprias palavras, após a constituição da fundação, tudo pôde enveredar por uma estrada diferente: a associação tinha liberdade de contratar qualquer pessoa, agindo em conformidade com a legislação. Finalmente, e com muita relutância por parte de Irmã Dulce, pois ela insistia que só tinha convênio com Deus, a fundação celebrou um acordo com o INPS (Instituto Nacional de Previdência Social)* para a prestação dos serviços, através de uma lei que entrara em vigor durante o mandato do então Ministro da Previdência, senhor Waldir Pires, que morava em Salvador e conhecia a extensão da Obra.

Nesse sentido, é muito significativa a carta que ela escreveu ao presidente da associação e da fundação:

> Estimado irmão, Doutor Ângelo (benfeitor),
> Esta é uma carta-testamento. Entrego às suas mãos generosas e ao seu bondoso coração os nossos doentes, os nossos pobres, as nossas crianças. Sei que, agindo assim, o meu querido irmão fará tudo para que o nosso trabalho continue com o mesmo espírito de amor aos necessitados.
> Querido irmão, o nosso trabalho é muito difícil, muito espinhoso. Temos de tratar com pessoas de temperamentos os mais diferentes uns dos outros. É preciso saber levar, contornar as arestas de cada um, para que se chegue a um trabalho perfeito.
> É preciso que a pessoa que vai ficar à frente da nossa associação seja uma pessoa muito humilde, com espírito de sacrifício total e uma dedicação sem limites à causa de Deus.
> Peço sempre a Deus que coloque no coração de quem vai me substituir o mesmo amor que tenho aos pobres. Sem isso, vai ser difícil levar o trabalho adiante. Nesse serviço de Deus e

---

* Criado em 1966, originou-se da fusão de todos os institutos de aposentadoria e pensões existentes à época. Em 1990, fundiu-se ao Iapas para formar o Inamps (Instituto Nacional de Seguridade Social). Este último foi extinto e seu serviço passou a ser realizado pelo atual SUS (Sistema Único de Saúde). (N.E.)

dos pobres, chega-se a um ponto em que não se vive mais a própria vida e, sim, a vida deles; nos esquecemos de nós para viver só para Deus e eles. É preciso, é imprescindível que se tenha esse espírito de doação total.

Querido irmão Doutor Ângelo, na idade em que me encontro (70 anos), outra coisa não me espera senão o chamado de Deus, a morte. E, antes que isso ocorra, estou entregando tudo ao senhor: o nosso trabalho, confiante de que fará tudo para manter o espírito da Obra.

Não permita que o nosso hospital se transforme em hospital de INPS ou de outra autarquia. Que o Santo Antônio seja sempre para o indigente, o necessitado. Faça tudo, eu lhe peço, para que a nossa porta esteja sempre aberta para os doentes, para os pobres, para as crianças. Sei que o senhor envidará todos os esforços para que não falte nada aos que estão confiados aos nossos cuidados.

O mais difícil vai ser conseguir pessoas capazes para este trabalho. Não desanime, do céu olharei sempre e rezarei por meu irmão.

Nesses anos todos, tenho lutado e sofrido muito, mas sempre feliz, pois sei que estou servindo a Deus na pessoa do pobre.

De vez em quando, faça reuniões, procure na medida do possível manter nas suas mentes e despertar nos seus corações a chama de sacrifício, de doação àqueles que nos estão confiados.

Querido irmão Doutor Ângelo, de todo o coração lhe agradeço todo o bem que nos tem feito e que nos vai fazer.

Deus o recompense!

Irmã Dulce [carta de 15/2/1984].

CAPÍTULO 22

A INAUGURAÇÃO DO NOVO HOSPITAL SANTO ANTÔNIO

Na tarde do dia 8 de fevereiro de 1983, inaugurava-se o novo Hospital Santo Antônio, que foi considerado pelos baianos como um outro "milagre de Irmã Dulce". No mesmo dia, na mesma hora, cinquenta anos atrás, uma moça havia descido na estação de São Cristóvão e entrado no convento do Carmo para se tornar freira...

"Aqui, neste momento, estamos realizando um sonho", disse o Governador Antônio Carlos Magalhães em seu discurso, "uma obra de Deus realizada por um dos seus melhores agentes na terra: Irmã Dulce."

Os presentes – autoridades, empresários, gente do povo, doentes – explodiram num estrondoso aplauso, enquanto a banda de música do II Distrito Naval tocava.

Prosseguiu o governador:

> Vejam como são poderosas as pessoas de aparência frágil, mas de coração forte... Realizam tudo aquilo que pensamos ser impossível. Nem o governo, com todo o seu poder, teria feito aquilo que ela faz por todos nós com essa capacidade de amor em tudo que toca. Aqui está o fruto do seu trabalho e da sua obstinação. Este hospital é uma demonstração de tudo quanto pode ser feito quando existe uma razão superior. Nesta obra o governo e o povo se uniram. E Irmã Dulce representa o povo de Deus. Agradeço a todos aqueles que contribuíram

de uma maneira ou de outra para a realização desta obra e, em particular, aos empresários Camillo Calazans, Ângelo Calmon de Sá, Norberto Odebrecht e Jô Carvalho, responsáveis diretos pela obra. Lembro que, há menos de dois anos, Irmã Dulce entrou no meu gabinete com o seu advogado para pedir que eu cancelasse as dívidas deste terreno com o estado. Estava disposta a iniciar a obra, quem sabe, até mesmo antes de obter a autorização.
Tudo foi possível: o hospital bem aparelhado, o corpo médico e uma notável dedicação. Esta obra deixa de ser dos homens para ser de Deus... Obra de uma santa que hoje recebe os aplausos dos presentes e os votos de todo o povo da Bahia para que viva por muitos anos (Pontes, pp. 133-134).

Irmã Dulce ouviu de cabeça baixa. Quando o governador terminou seu discurso, ela aproximou-se do microfone e disse: "Agradeçamos ao Senhor".

O coral do Banco Econômico entoou um canto e, no final, o governador e o presidente do banco fizeram com que ela se aproximasse da parede e descerraram uma placa comemorativa com os seguintes dizeres: "À Irmã Dulce, Mãe dos pobres e dos inválidos, a gratidão do povo da Bahia na passagem dos seus cinquenta anos de vida religiosa, plena de renúncias e de dedicação aos sofredores – 8 de fevereiro de 1983".

Naquela manhã, na capela do convento Santo Antônio, os parentes e amigos desejaram comemorar, antecipadamente, as suas bodas de ouro. Frei Hildebrando, informado sobre a cerimônia, havia pedido para presidir à renovação dos votos daquela sua filha espiritual.

Em meio à comoção geral, Dulce entrou na capela com uma vela acesa na mão direita e cabeça cingida por uma coroa de flores douradas e ajoelhou-se em frente ao frade que, com os paramentos litúrgicos, se encontrava diante do altar.

Fez-se um profundo silêncio de respeito e ouviu-se a sua voz fraca pronunciar:

> Eu, Irmã Dulce, ao celebrar os cinquenta anos de serviço ao Senhor, renovo os meus votos a Deus, para viver sempre em castidade, pobreza e obediência, no Espírito do Evangelho, em sintonia com a regra da Ordem Terceira Regular de São Francisco e das constituições das Irmãs Missionárias da Imaculada Conceição da Mãe de Deus. Desejo viver a minha consagração batismal mais profundamente e, assim, unir-me de modo especial à Igreja e ao seu ministério.
> Ó Jesus, eterno sumo sacerdote e vítima, na presença da gloriosa e imaculada Virgem Maria, de todos os santos da Ordem Seráfica e de todas as cortes celestes, eu, Irmã Dulce, solenemente renovo a minha consagração ao vosso misericordioso amor para viver e para morrer como vítima pela santificação dos nossos sacerdotes. Que a minha humilde oferta seja uma fonte de bênçãos para a Santa Mãe Igreja, vossa esposa, e os sacerdotes escolhidos por vós com amor e predileção para participar do ministério do vosso eterno sacerdócio. Amém (Pontes, p. 130).

Fortes aplausos ecoaram pela capela e muitas foram as lágrimas de comoção entre os presentes. Dulce, serena, sentou-se e Frei Hildebrando, apesar das muitas dificuldades em razão da velhice e dos recentes problemas de saúde, fez questão de recitar a homilia, que não foi de circunstância:

> Minha cara Irmã Dulce, finalmente, chegou o dia tão desejado – o dia 8 de fevereiro... O grande dia das tuas bodas de ouro de vida religiosa... Sim. Cinquenta anos de vida religiosa é uma coisa extraordinária!
> Quis a Providência Divina, Irmã Dulce, que, 64 anos atrás, quando tu ainda eras uma mocinha de treze ou catorze anos, te entregasses à minha direção espiritual. E, depois de algum tempo, eu te introduzi na Ordem Terceira de São Francisco. Um pouco mais tarde, e já mais madura, surgiu em ti o desejo de doar-te

inteiramente a Deus na Congregação Religiosa das Irmãs Missionárias da Imaculada Conceição.

Enfrentaste, naturalmente, algumas resistências por parte da família, algumas dificuldades e obstáculos que ocorrem com frequência. Tudo foi superado com galhardia... Permaneceste irredutível e, quando te formaste e obtiveste o diploma, deste o passo definitivo, como se deve.

Seguiu-se o noviciado... Seguiram-se os primeiros votos temporários e, finalmente, os votos perpétuos.

Naquela ocasião, puseram sobre a tua cabeça, como então se costumava fazer, uma coroa de espinhos como símbolo, muito significativo.

Sim, Irmã Dulce, uma coroa de espinhos como símbolo. Coroa de espinhos que mais tarde iria fazer com que lembrasses a coroa de espinhos de Cristo, quando se apresentaram as primeiras dificuldades, as primeiras provas, os primeiros dolorosos desenganos.

E tu, Irmã Dulce, e eu, sabemos como mais tarde esses espinhos se tornariam profundos, ferindo-nos a cabeça, ferindo todo o nosso corpo, ferindo os nossos pulmões e, principalmente, o nosso coração.

Mas tu não te deixaste abater, não te deixaste deter. Andaste sempre em frente. Apesar de ferida e abalada pela tosse, avançaste sempre no teu ideal.

Eram tantos e tantos os pobres que necessitavam de ti! Tantos os esfomeados que estendiam a mão na tua direção. Eram os meninos de rua, abandonados, para os quais procuraste organizar um alojamento apropriado. Eram jovens excepcionais, que confiavam na tua pessoa e que exigiam cuidados especiais de ti. Eram os velhos, desagasalhados, cobertos por farrapos, que necessitavam de uma internação. Eram os tuberculosos, que necessitavam de um abrigo e de um tratamento especial. Enfim, eram tantos e tantos doentes em condições precárias que necessitavam de socorro urgente e vinham tantos e tantos, cada vez mais necessitados de ajuda, pedindo, suplicando, que, certa vez, chegaste a lançar um grito: "Ah! Não posso mais. Não temos mais leitos, não há mais espaço! Preciso de um outro hospital. De um outro hospital... mais espaçoso!".

E esse grito repercutiu. Ecoou em toda a Bahia, ressoou no país inteiro. E todo mundo veio em teu auxílio: os rapazes trouxeram os tijolos, as famílias baianas redobraram a sua generosidade, o governo estadual deu a sua contribuição, o governo federal também... Todo o Brasil veio te ajudar... E o caridoso Doutor Norberto Odebrecht garantiu, com a sua empresa: "Irmã Dulce, o seu hospital estará pronto para o grande dia da sua festa!".
E está ali.
Agora, irmãos, passemos à ação de graças.
Ação de graças a Deus pela sua maravilhosa ajuda.
Ação de graças a Deus pela sublime vocação de Irmã Dulce.
Ação de graças a Deus pela graça da perseverança de Irmã Dulce.
Ação de graças a Deus por todos os benfeitores, pelos médicos que trabalham gratuitamente.
Ação de graças porque também a congregação de Irmã Dulce cedeu algumas irmãs auxiliares para ajudar a sua irmã.
E, Irmã Dulce, para encerrar, uma palavra especial para ti... Tu acreditas plenamente naquilo que Cristo um dia proclamou solenemente, em tom categórico: que ele se esconde no próximo necessitado e, tudo aquilo que fazemos a este estamos fazendo a ele mesmo.
E ele no dia do Juízo Final te dirá, Irmã Dulce: Eu tinha fome, e tu me deste de comer. Eu tinha sede, e tu me deste de beber. Eu estava doente, e tu me acolheste com amor. Eu estava naquela criatura coberta de farrapos, que morria de fome, dobrada num canto escuro da rua, e tu arrombaste a porta daquela casa velha e abandonada e me salvaste a vida.
Muito obrigada, Irmã Dulce. Agora, vem comigo. Entra comigo na glória do meu Reino. Por todos os séculos. Amém" (Pontes, pp. 131-132).

O amor de Dulce por Jesus Cristo era tamanho, que qualquer louvor dirigido a ele fazia com que exultasse. Ela nunca se esqueceu da canção sobre Jesus Cristo que, em 1970, Roberto Carlos havia escrito e cantado. Depois de tantos anos, um dia ela veio a saber que o cantor encontrava-se em Salvador: quis, então, conhecê-lo.

Roberto Carlos alimentava o mesmo desejo em relação à Irmã Dulce e, assim, os dois passaram uma tarde juntos. Dulce fez questão de lhe falar sobre os diversos setores do hospital e do abrigo, fazendo referência aos versos daquela canção.

Roberto Carlos ficou impressionado com aquele amor ao próximo desventurado e prometeu que iria ajudá-la, apoiando a sua obra. Como "sinal", ele deixou-lhe um cheque de uma quantia significativa. Era o mês de junho de 1983.

Capítulo 23

AS BODAS DE OURO
DE PROFISSÃO RELIGIOSA

E chegou um dia especial... A madre provincial, Irmã Eufrásia, havia convidado Irmã Dulce para ir, no dia 15 de agosto de 1984, ao convento Dom Amando a fim de celebrar, juntamente com a comunidade e o conselho provincial, as bodas de ouro de sua profissão religiosa.

Ao chegar, Dulce fora recebida na porta pela provincial, que a acompanhou até a igreja onde estavam todas as outras irmãs.

O silêncio era quase perfeito, enquanto o rosto de todas era iluminado pela alegria. No momento em que Dulce estava entrando na igreja, a provincial diminuiu o passo e, assim, ela encontrou-se frente a frente com a Irmã Maria das Neves. A surpresa foi grande, mas não tinha terminado ali. Detrás dela estava uma outra irmã, Paráclita benevides e, atrás desta, Irmã Nazaré Tanuri e, em seguida, Irmã Maria Pia Campos.

As jovens irmãs puderam compartilhar a felicidade daquelas irmãs mais velhas, companheiras de noviciado e que, depois de cinquenta anos, se reencontravam. Elas abraçavam-se, acariciavam-se e voltavam a se abraçar. A forte carga emotiva do ambiente dissipou-se nos fortes aplausos dos presentes.

Uma delas, mais espirituosa, sussurrou para a outra: "Como você ficou velha!", recebendo, como resposta, uma resposta ainda mais mordaz: "Talvez não se lembre, mas você já era uma bruxa cinquenta anos atrás!".

Não havia aquela atmosfera de ansiedade, carregada de emoção, do convento do Carmo em São Cristóvão, mas sentia-se a ternura, o afeto, a alegria pelo reencontro... E todas juntas dirigiram-se à madre provincial, que arquitetara aquele encontro inesperado, para agradecer-lhe. Em seguida, foi a vez do cardeal primaz, Dom Avelar Brandão Vilela, entrar para solenizar o evento com a celebração eucarística.

As cinco companheiras passaram o dia a relembrar as suas "façanhas" durante o noviciado.

No final da tarde, Irmã Dulce foi até a Basílica de Nossa Senhora da Conceição da Praia, onde parentes, amigos, empregados, autoridades, gente comum, assistidos haviam preparado uma cerimônia grandiosa para ela. Também estavam presentes as bandas da Polícia Militar e do Exército, o coro de quarenta jovens do Centro Educacional Santo Antônio e os corais do Banco Econômico e da Assembleia Legislativa. No centro da igreja, encontravam-se, perfilados, os cadetes da Academia da Polícia Militar.

A liturgia foi celebrada por Dom José Gilberto de Luna, que pronunciou uma homilia muito comovente, encerrada com as seguintes palavras: "Quando tu fizeste a tua profissão religiosa, cara Irmã Dulce, foste coroada com uma coroa de espinhos. Hoje, no dia das tuas bodas [de ouro], serás coroada com uma coroa de rosas. É como se aqueles espinhos tivessem se transformado em rosas. Vejo-a como símbolo da tua vida sempre pronta a substituir com a rosa da proteção e do conforto o espinho do desencorajamento e da dor. Por esse motivo, com Maria Imaculada, da qual és uma filha predileta, com Santo Antônio, ao qual és tão devota, continuaremos a te dizer: Que Deus te abençoe, Irmã Dulce. E, proclamamos, comovidos: Não é apenas a Bahia que faz a grande Irmã Dulce... É, principalmente, Irmã Dulce que torna a Bahia grande".

O ofertório foi um dos momentos mais comoventes. Cada um dos representantes das Obras Sociais levou-lhe um presente: uma enfermeira e um médico do hospital oferecem-lhe remédios; um assistido levou alimentos; um velho do abrigo presenteou-a com um lençol; um rapaz do Centro de Recuperação deu-lhe flores...

***

Os dias foram passando...

Irmã Dulce tossia, o enfisema pulmonar acarretava-lhe contínuos sofrimentos, o seu corpo estava emagrecido e, cada vez mais frequentemente, ela era obrigada a recorrer a um balão de oxigênio.

Parecia ser graciosa e calma, mas, na realidade, era como a água do mar, sempre em movimento. Enfim, era uma daquelas que não deixavam as superioras dormirem tranquilas; ao contrário, para fazer uma imagem mais ousada, podemos dizer que representavam uma constante dor de cabeça para elas.

Estavam habituadas às dívidas e às preocupações nas quais navegam, sistematicamente, as suas Obras, mas na readmissão ficara claro que, mesmo nos casos mais difíceis, a congregação não seria envolvida, o que lhes permitia ficarem tranquilas.

Em março de 1985, Dulce fora nomeada novamente superiora do convento Santo Antônio, e tudo parecia correr normalmente, quando, de repente, soou um alarme.

A madre-geral recebeu uma notícia, no mínimo, inquietante: Irmã Dulce estaria fundando outra congregação!

O fato é que, no dia 17 de janeiro de 1984, quando foram aprovados os estatutos por parte do Cardeal Primaz Dom Avelar Brandão Vilela, Irmã Dulce tinha recebido na sede do educandário Santo Antônio, no município de Simões Filho, as seguintes candidatas: Tereza Aurinete Miranda e Maria Gorete da Silva, dando início à fundação da Associação das Filhas de Maria Servas dos Pobres. Logo após, a professora aposentada Josefa Dulce dos Santos juntara-se ao grupo, recebendo, mais tarde, a função de coordenar a associação, que já contava com onze membros. Atualmente, é uma associação pública de fiéis criada para ser um instituto religioso.

A superiora-geral convocou, imediatamente, a provincial. Irmã Querubina Silva (provincial no período de 1985 a 1991) chamou Dulce... E Irmã Dulce pegou caneta e papel e escreveu:

> Cara irmã, paz e bem!
> A madre provincial, Irmã Querubina Silva, me telefonou hoje dizendo ter recebido uma carta sua com relação à congregação que estou fundando. Para começar, quero explicar à madre-geral que não se trata de congregação, mas de uma associação.
> Mais ou menos quatro anos atrás, quando estive muito mal por vários dias, pensei muito no futuro do nosso trabalho: quando Deus me chamasse, quem ficaria com a incumbência dos doentes e dos pobres?
> Assim que me senti melhor, perguntei a Dom Avelar, o nosso cardeal, se ele aceitaria os nossos trabalhos depois de minha morte. Ele ponderou a dificuldade de sustentar a Obra sem uma renda fixa e não aceitou.

Falei, então, com a nossa madre provincial, e a sua resposta foi a mesma. Pensei que se tratasse simplesmente de uma questão de fé em Deus. Em seguida, quando Madre Teresa de Calcutá esteve aqui, fiz a mesma proposta por intermédio de um intérprete. Também ela não aceitou.

Passados alguns meses, veio uma moça que desejava dedicar-se inteiramente aos pobres, aos jovens. Já que eu precisava de ajuda com os nossos órfãos, levei-a para lá. Ela gostou muito e ali ficou nos ajudando.

Depois veio uma outra moça, catequista, professora aposentada que possuía o mesmo ideal. Levei-a também, e ela gostou muito. Tendo aparecido uma terceira moça, procurei Dom Avelar e lhe comuniquei o que estava acontecendo e que, se Deus permitisse, aquelas moças gostariam de se tornar religiosas no futuro, consagrando-se a este apostolado em favor dos jovens pobres.

Sei perfeitamente que, quando Deus me chamar, as nossas irmãs não estarão mais aqui, uma vez que a nossa congregação não quis assumir (como responsabilidade) a Obra.

Algum tempo atrás, Irmã Querubina me falou sobre a dificuldade de encontrar irmãs para os nossos colégios e hospitais, pois as jovens de hoje querem viver apenas em fraternidade. E disse que se conseguisse encontrar alguém para me substituir seria ótimo. Agora, veja bem, com quem posso contar para o futuro? As nossas irmãs Melania, Olívia, Emerência e Dileta são pessoas extraordinárias, ótimas religiosas, dedicadas à atividade. Elas ajudam muito. No entanto, sem a minha presença no setor financeiro, elas não agirão, como me disse a madre provincial.

Então, a decisão foi tomada depois que eu rezei muito para o Divino Espírito Santo pensar em fazer alguma coisa pelo futuro dos rapazes, dos velhos e dos doentes.

Estive com Dom Avelar no mês passado, disse-lhe que já temos dez moças que nos ajudam no orfanato e convidei-o para visitar o colégio outra vez, pois ele já tinha estado lá e conheceu tudo. No futuro, as coisas poderão tomar um rumo diferente e se tornar uma congregação, mas, no momento, não é assim.

A associação está recebendo ajuda, no setor da assistência espiritual e da formação, de Dom Campelo, bispo salesiano, que todos os meses passa dois ou três dias no colégio para orientar as moças. Ele vive no Liceu Salesiano de Salvador e me ajuda

muito. Também o Padre Washington Cruz [mais tarde tornou-se bispo de São Luís de Monte Belo-GO], religioso, vigário da igreja da Boa Viagem, colabora conosco, fazendo a cada quinze dias conferências em nossa paróquia para as moças e está sempre à disposição de todas que desejarem orientação.
As moças que temos vieram de outros estados ou do interior. Souberam do nosso trabalho e quiseram seguir uma vida igual à nossa, tomando conta dos jovens, dos velhos e dos doentes.
Tendo necessidade de tanta ajuda, já que estamos com 1.129 pessoas em casa, não posso recusar essa oferta da Providência.
No momento não é preciso, mas, para o futuro, se houver necessidade, pedirei a sua aprovação, porque agora é apenas uma associação de moças que desejam dedicar-se a Deus, servindo aos pobres.
Esta ideia não parte de mim. Sei que o Espírito Santo, a quem tanto peço que me ajude e ilumine, é aquele que está guiando as coisas. Pois é uma obra de Deus e para Deus. Afinal, sou uma débil e vil criatura sem mérito (sempre doente), e é ele quem faz tudo. Pode ficar tranquila madre. Me abençoe.
P.S.: Já disponho de um grupo de senhoras da alta sociedade que estão dispostas a ajudar a Associação das Filhas de Maria Servas dos Pobres e a oferecer as necessárias providências a fim de constituir um fundo para garantir a subsistência da associação.

Com a ajuda, no decorrer do tempo, também de outros sacerdotes, acompanharia com atenção a formação das jovens, mas não passaria pela sua cabeça, sequer uma vez, deixar a sua congregação para fundar uma nova.

Capítulo 24

O AGRAVAMENTO
DO ESTADO DE SAÚDE

O Deputado Federal Adolfo Oliveira, ao se tornar o intérprete do sentimento unânime do povo brasileiro, fez-se, publicamente, promotor da candidatura de Irmã Dulce ao Prêmio Nobel da Paz.

Ele defendia a ideia de que o legendário "anjo bom da Bahia", com as suas atividades assistenciais, de caridade e humanitárias, era um luminoso exemplo de amor ao próximo, tendo, inclusive, recebido numerosos reconhecimentos no exterior. Além disso, o Brasil era colocado em destaque e, na sua opinião, deveria sugerir o seu nome como modelo de mulher virtuosa, mãe e irmã de todos os deserdados e infelizes.

O programa *Caso Verdade*, transmitido pela rede Globo de televisão, havia permitido que todo o Brasil conhecesse o seu trabalho maravilhoso, similar àquele de Madre Teresa de Calcutá, a quem fora entregue o Prêmio Nobel da Paz em 1979. "A fragilíssima santa baiana" era merecedora desse reconhecimento pela grandiosidade da sua obra, pela sua eloquente prática de amor ao próximo, pelo seu exemplo de abnegação e humildade.

A imprensa, fazendo eco à proposta de Oliveira, suscitou o interesse e o apoio também de outras personalidades do mundo político, como o Senador Ruy Bacelar, que defendeu no Congresso Nacional o Nobel para Irmã Dulce, carregando a bandeira dessa candidatura.

Finalmente, o Congresso Nacional votou a favor da iniciativa e o seu presidente, o Senador Nélson Carneiro, elaborou o texto da mensagem enviada à Suécia para apoiar a candidatura de Irmã Dulce.

A mensagem tinha esse teor:

> São cinquenta anos, nos quais uma mulher frágil e determinada ergueu, com a ajuda de homens de boa vontade, os templos onde semeia a fé, a solidariedade e a esperança.
> Toda a Bahia e todo o Brasil conhecem a sua obra, seguem a sua luta contínua a favor dos jovens sem família, dos doentes sem assistência, dos velhos infelizes.
> A boa fada do Hospital e educandário Santo Antônio, superando os problemas da idade e da saúde, Maria Rita Souza Brito Lopes Pontes, a Irmã Dulce, a doce peregrina da salvação de todos os desesperados, não é superada no trabalho, na dedicação e no amor à humanidade, por quanto temos notícia, há muitas gerações, em qualquer parte do mundo.
> Assim sendo, é justo que reivindiquemos, para coroar este século, marcado pelo egoísmo e pelo desamor ao próximo, o reconhecimento dos amantes da paz.
> Como baiano, sigo desde o início o seu percurso de bondade e desejo exprimir, com este testemunho, a graça de viver o bastante para ver Irmã Dulce ajudar, ainda, as pessoas com a sua devoção e o seu sacrifício pessoal [Presidente do Congresso aprova Nobel para Irmã Dulce, em *A Tarde* de 25/1/1990].

Naquele ano, porém, preferiram dar o prêmio a um político que pusera fim à guerra fria e ao Muro de Berlim, Mikhail Gorbachev (1990), e no ano seguinte à birmanesa Aung San Suu Kyi. No entanto, o povo brasileiro considera sempre Irmã Dulce "um símbolo da paz, mesmo sem o

Prêmio Nobel", como escreveu, significativamente, algum jornal por ocasião da sua morte.

No entanto, Irmã Dulce passou a ser considerada um símbolo do Brasil, e todos se sentiram muito orgulhosos quando souberam que o Papa João Paulo II iria visitá-la, mesmo sabendo que ela encontrava-se acamada e doente.

Na realidade, ela estava há dezesseis meses presa a um leito de dor. Inicialmente, fora levada ao Hospital Português, sendo depois transferida, contra a sua vontade, para o Hospital Aliança, já que este estava mais bem aparelhado para as doenças pulmonares. Mas queria ser assistida junto aos seus pobres e sofrer ao lado deles. O seu quarto, no convento Santo Antônio, foi devidamente equipado para que se tornasse uma unidade de terapia intensiva: ela necessitava de oxigênio para poder respirar, já que estava completamente debilitada.

Irmã Dulce estava consciente da gravidade de sua doença e do fato de se encontrar no fim da sua vida. No entanto, estava profundamente serena e dedicava-se apenas à oração.

Além disso, a presença do Doutor Taciano Campos, da sua irmã Dulcinha, da meia-irmã Ana Maria, da sobrinha Maria Rita, das irmãs da sua congregação – em particular de Irmã Olívia e Irmã Helena –, dos médicos, das enfermeiras, bem como o afeto sincero de todos os assistidos das suas Obras, infundiam-lhe coragem. Por outro lado, as pessoas que rezavam de todos os cantos do convento e do hospital faziam com que o seu amor chegasse até ela.

De fato, no dia 20 de outubro de 1991, toda a Bahia se revestiu em festa; especialmente em Salvador, o bairro Roma estava agitado. Uma enorme multidão encontrava-se, desde as primeiras horas da manhã, ao longo do trajeto que o João Paulo II deveria fazer para chegar até a irmã.

O papa, ao voltar ao Brasil para a sua segunda visita, quis ir até ela para dar-lhe a sua bênção particular. Acompanhado pelo Cardeal Primaz Dom Lucas Moreira neves (arcebispo de Salvador no período de 1987 a 1998), atravessara a cidade e chegara ao Hospital Santo Antônio.

Comovida, mesmo com muita dificuldade para falar devido à traqueotomia, tinha-lhe pedido perdão por não poder recebê-lo da maneira adequada. Mas o papa, apertando a sua mão descarnada, deu-lhe a bênção apostólica, para encorajá-la a suportar as penas da doença como uma oferta pelos seus pobres, os seus doentes e os seus sofredores.

Na saída, João Paulo II voltou-se para o cardeal primaz e disse: "Este é o sofrimento do inocente. Igual àquele de Jesus".

***

Dulce recebia a visita diária de vários sacerdotes. Padre Tommaso Cascianelli e o capelão das Obras, Padre Roque Lé, eram os mais próximos. Todos os dias, eles lhe davam a comunhão, até o dia em que os médicos disseram-lhes que era conveniente administrar-lhe a Unção dos Enfermos e o viático. E ela participou com devoção, lúcida e serena. Estava serena porque, como uma trabalhadora consciente, sabia que cumprira o seu trabalho e esperava que o "patrão" viesse para dar-lhe a justa recompensa; estava serena porque também recebia o amor da sobrinha, Maria Rita Pontes, das suas irmãs, das freiras, dos médicos e dos enfermeiros de plantão e, principalmente, daqueles pobres que ela amara com todas as suas forças.

E depois de dezesseis meses de um verdadeiro martírio, sorridente e tranquila, com uma vela acesa em uma das mãos e um maço de flores do qual pendia a coroa do rosário na outra, ela lentamente se dirigiu para a estação, onde o trem a esperava...

Capítulo 25

A PARTIDA

Sexta-feira, 13 de março de 1992, 16h45.

O trem, com o seu resfolegar alegre, começou a apitar. Estava se aproximando da estação, queria avisar aos passageiros e a todos aqueles que o estavam esperando da sua chegada.

Apitava, apitava, apitava, inundando o ar de alegria.

O céu era azul, um azul intenso como se via em São Cristóvão.

Aquele trem era movido a luz e possuía um único vagão, "especial": primeira classe.

Eram 16h45, quando entrou na estação.

Uma estação sem nome.

Havia uma grande multidão, parecendo estar esperando o papa ou o presidente da República.

O chefe do trem, pessoalmente, com o seu chapéu que fazia com que ele parecesse um general, viera abrir a porta e, imediatamente, ouviu-se um forte, interminável aplauso.

Surgiu a figura diminuta, com o hábito branco e o escapulário azul.

Irmã Dulce, sorridente, antes de descer, olhou a seu redor e teve a impressão de conhecer toda aquela enorme multidão: ela reconheceu aquele pequeno jornaleiro vestido de luz, aquele velho coberto de chagas, paramentado como um príncipe, aquela idosa cheia de parasitas coberta de joias, aqueles meninos franzinos com um corpo maravilhoso, aquela família desnutrida... depois aquele... e depois aquele outro... eram centenas, todos corados e belos.

Ela conhecia a todos eles e os chamava pelos seus nomes, pois eram todos "amigos" do Esposo.

Depois, olhando para o infinito, em direção a nós, disse: "Se aqui existisse mais amor e menos egoísmo, o mundo seria diferente".

APÊNDICE

"Santa Dulce da Bahia."
Jorge Amado

Com a morte de Irmã Dulce, não só a Bahia parou em sinal de recolhimento, mas também todo o Brasil. Em sinal de luto, a Confederação Brasileira de Futebol suspendeu os jogos realizados em Salvador, dentro do campeonato nacional, e a prefeitura de Camaçari, o carnaval de Arembepe.

O corpo de Irmã Dulce foi levado, sábado pela manhã, dia 14, sobre um caminhão do Corpo de Bombeiros, com a escolta de honra dos cadetes da Polícia Militar.

Seguiu-se uma procissão de aproximadamente seis quilômetros que, desde o Largo de Roma, onde ficava o hospital e no alto despontava o edifício do Círculo Operário, chegava até a Basílica de Nossa Senhora da Conceição da Praia. Ali estavam o Cardeal Primaz Dom Lucas Moreira Neves e numerosos sacerdotes, religiosos e religiosas, personalidades políticas, dentre as quais o governador, o prefeito e um número inacreditável de pessoas do povo.

O velório transcorreu durante todo o sábado, dia e noite, e por todo o domingo. As pessoas ficavam duas ou três horas na fila para poder passar diante de Irmã Dulce, poder tocá-la, falar-lhe ainda de alguma necessidade, pedir-lhe que intercedesse pelas necessidades materiais e espirituais... A dor sincera foi geral. Todos diziam que estava morta a "mãe dos pobres", a "santa da Bahia", o "anjo bom da Bahia", como desde muito tempo era chamada.

Os funerais, transmitidos ao vivo para todo o Brasil, foram celebrados no domingo, às 5h da tarde. O Cardeal Primaz Lucas Moreira Neves fez questão de presidir à liturgia, concelebrada por Dom Thomaz Murphy, bispo auxiliar da arquidiocese, Dom Walfredo Tepe, bispo de Ilhéus, e por um grande número de sacerdotes diocesanos e regulares.

Estavam presentes o secretário da presidência da República, o Embaixador Marcos Coimbra, representando o presidente da República, Fernando Collor, o ex-presidente da República e grande admirador de Dulce, José Sarney, o governador da Bahia, Antônio Carlos Magalhães, e os ex-governadores Nilo Coelho e Waldir Pires. Além do Padre Gaspar Sadoc, representando o Cardeal Dom Eugênio Sales – ex-arcebispo de Salvador que tomara Dulce desenclausurada sob a sua proteção –, Dom Luciano Mendes de Almeida, presidente da Conferência Nacional dos Bispos do Brasil, e muitos outros que poderiam formar uma lista interminável.

Antes de iniciar a celebração, o cardeal leu o comovente telegrama recebido do Santo Padre.

As leituras litúrgicas foram confiadas à sobrinha de Irmã Dulce, Maria Rita Pontes, e ao senhor Ângelo Calmon de Sá, presidente do conselho de administração das Obras Sociais Irmã Dulce.

Durante a homilia, o Cardeal Dom Lucas Moreira Neves disse: "Também Deus fez uma aliança divina com Irmã Dulce para que ela fosse a mãe de uma multidão, indicando-lhe a estrada. A dulcíssima irmã tem agora o seu corpo semelhante àquele glorioso de Cristo, depois de tantos anos de sofrimentos físicos e morais que culminaram nesses dezesseis meses de agonia. Na tristeza do adeus pela partida de Dulce, temos a esperança de que Deus irá continuar a sua Obra".

Terminada a homilia, o Cardeal Primaz sentiu-se mal e, por alguns minutos, a função religiosa foi presidida pelo bispo auxiliar. A cerimônia foi encerrada com um minuto de silêncio, seguido pela "Canção para Irmã Dulce", composta havia já algum tempo por Jairo Simões.

Irmã Dulce desejava ser sepultada no cemitério Quintas dos Lázaros, onde estavam enterrados os pobres, mas o cardeal arcebispo, o governador do estado e as outras personalidades insistiram para que ela fosse sepultada na Basílica de Nossa Senhora da Conceição da Praia. A família mostrou-se disposta a "transgredir" a vontade de Dulce e, assim, ela foi enterrada na belíssima capela barroca do Santo Cristo, aos pés do altar de prata.

Sobre a lápide sepulcral foi gravado: "Irmã Dulce, mãe dos abandonados. Todos nós", com as datas de nascimento e de morte. O artista Caribé esculpiu-a com um voo de andorinhas.

O Cardeal Primaz Dom Geraldo Majella Agnelo, depois de ter constatado a permanente fama de santidade, deu início ao processo de canonização de Irmã Dulce, em janeiro de 2000. Ele também providenciou que seus restos mortais, que desde 1992 estavam na Igreja da Conceição da Praia, fossem então transferidos para a Capela do Convento Santo Antônio, na sede das Obras Sociais Irmã Dulce (OSID).

Em abril de 2009, o Papa Bento XVI reconheceu as virtudes heroicas da Serva de Deus Dulce Lopes Pontes, autorizando oficialmente a concessão do título de Venerável à freira baiana. O título foi o reconhecimento de que Irmã Dulce viveu, em grau heroico, as virtudes cristãs da Fé, Esperança e Caridade.

No dia 9 de junho de 2010 foi realizada a exumação e transferência das relíquias (termo utilizado para designar o corpo ou parte do corpo dos beatos ou santos) da Venerável Dulce para sua capela definitiva, localizada na Igreja da Imaculada Conceição da Mãe de Deus, situada ao lado da sede da OSID. A Capela das Relíquias foi construída na própria Igreja da Imaculada Conceição, erguida no local do antigo Cine Roma e do Círculo Operário da Bahia, construídos pela freira na década de 1940.

Em outubro de 2010, a Congregação para a Causa dos Santos, através de voto favorável e unânime de seu colégio de cardeais e bispos, reconheceu a autenticidade de um milagre atribuído à Irmã Dulce, levando à sua beatificação no ano seguinte.

O referido milagre ocorreu na cidade de Itabaiana, em Sergipe, quando Claudia Cristina dos Santos, após dar à luz a Gabriel, seu segundo filho, sofreu uma forte hemorragia, que cessou subitamente após uma corrente de oração pedindo a intercessão de Irmã Dulce. Ninguém conseguiu explicar o porquê daquela melhora, de forma tão rápida, numa condição tão adversa. O milagre passou por avaliações: peritos médicos, teólogos, e, finalmente, obteve a aprovação final do colégio cardinalício, tendo sua autenticidade reconhecida de forma unânime em todos os estágios.

A cerimônia de beatificação de Irmã Dulce ocorreu no dia 22 de maio de 2011, em Salvador. Na ocasião, a freira baiana passou a ser reconhecida com o título de

"Bem-Aventurada Dulce dos Pobres", tendo o dia 13 de agosto como data oficial de celebração de sua festa litúrgica.

Em 13 de maio de 2019, o Papa Francisco promulgou o decreto que reconhece o segundo milagre atribuído à intercessão de Irmã Dulce, cumprindo-se assim a última etapa do processo de Canonização. Em julho de 2019, durante reunião do Consistório, no Vaticano, o Santo Padre anunciou que Irmã Dulce seria canonizada no dia 13 de outubro de 2019 e passaria, oficialmente, a ser chamada de Santa Dulce dos Pobres, a primeira santa brasileira da nossa época.

O homem agraciado com o segundo milagre da Mãe dos Pobres é José Maurício Moreira. Natural de Salvador, Maurício, aos 22 anos, teve o diagnóstico de um glaucoma muito sério, descoberto tardiamente e já em estado avançado. Ele ficou totalmente cego de ambos os olhos e assim permaneceu por mais de 14 anos, até que em 2014, Maurício teve uma conjuntivite muito grave e sofrendo com fortes dores, pegou a imagem de Irmã Dulce, colocou-a sobre os olhos e, com muita fé, fez uma oração pedindo a intercessão do Anjo Bom para que aliviasse as dores da conjuntivite. "Ao acordar, comecei a ver a minha mão. Entendi que Irmã Dulce tinha operado um milagre. Ela me deu muito mais do que eu pedi: eu voltei a enxergar". O milagre passou por três etapas de avaliação, tendo sua autenticidade reconhecida de forma unânime.

***

Terminadas as exéquias – ou melhor, assim que souberam da morte! –, muitos começaram a se perguntar o que seria feito das Obras, uma vez que não mais podiam contar com ela, que era o "motor", o "elo".

Desde o início de 1991, quando os médicos diagnosticaram que Irmã Dulce resistiria até quando o seu coração tivesse força para bater, o conselho de administração da fundação e, em particular, o seu presidente, o senhor Ângelo Calmon de Sá, e o senhor Norberto Odebrecht, começaram a pensar na sucessão.

O conselho, em delegação, foi ao Rio de Janeiro para falar com a sobrinha de Irmã Dulce, Maria Rita Lopes Pontes, propondo-lhe que assumisse, pelo menos temporariamente (*ad interim*), o cargo exercido pela tia, mas tudo que obtiveram foi uma resposta negativa.

Maria Rita, jornalista, tivera medo, como é natural, só de pensar em ter de assumir aquela grande responsabilidade na qual a Obra se transformara. A herança era muito pesada. Além disso, toda a sua vida seria envolvida, tanto no plano profissional quanto sentimental.

O estatuto especificava que o sucessor de Irmã Dulce deveria ser indicado por ela, por intermédio de três nomes, para que o conselho tivesse condições de escolher. Enquanto se aguardava isso, era importante poder contar com uma figura carismática.

O presidente, depois daquela primeira tentativa com a sobrinha, voltou à carga. A sua insistência era justificada pelo fato de que, partindo do seu ponto de vista e compartilhado pelo conselho, a presença de Maria Rita na direção das Obras seria de vital importância. Em primeiro lugar, para dar segurança à Irmã Dulce e, assim, criar a ideia de continuidade, quer nas pessoas assistidas, quer naquelas empenhadas na assistência, possibilitando a preparação da sucessão com uma certa tranquilidade.

O desejo velado e unânime do conselho era o de preparar Maria Rita Pontes para a sucessão exatamente através desse período de transição. Quando da abertura do testamento, essa vontade encontrou uma correspondência perfeita com a de Irmã Dulce: ela havia expressado como primeiro nome exatamente o da sobrinha.

Assim começou a "aventura de uma pobre cristã" de nome Maria Rita Lopes Pontes, atual superintendente das Obras Sociais Irmã Dulce, que leva adiante, juntamente com honestos e qualificados admiradores daquela frágil freirinha, o ideal de toda a instituição, condensado em duas únicas palavras: "amar e servir".

***

Para termos uma ideia do que é hoje a "herança" deixada por Irmã Dulce para Salvador, para a Bahia e para o Brasil, citamos somente algumas cifras.

Relembramos, primeiramente, que toda e qualquer forma de assistência fornecida pelas Obras Sociais Irmã Dulce é gratuita.

As Obras dispõem de um total de 1.237 leitos.

Anualmente são realizados mais de quatro milhões de atendimentos.

Os voluntários são 200.

Os colaboradores, mais de 3.000.

Cerca de 130 residentes e internos de Medicina.

Contam, ainda, com um laboratório de informática educativa para pessoas com deficiências graves.

Anualmente são efetuadas:

- mais de 500.000 consultas gerais de ambulatório;
- cerca de 9.500 intervenções cirúrgicas;
- aproximadamente 20.000 intervenções de ambulatório em pessoas com deficiência;
- mais de 140.000 consultas de ambulatório (ginecologia);
- cerca de 50.000 consultas de ambulatório (geriatria);
- quase 300.000 consultas de ambulatório (fisioterapia);
- cerca de 760.000 exames de laboratório;
- aproximadamente 80.000 exames de bioimagem.

O hospital registra um dos mais baixos índices de infecção (2,77%), dado considerado altamente positivo pela Organização Mundial da Saúde.

Pedimos desculpas a todas as instituições públicas e privadas, autoridades e cidadãos benfeitores das Obras Sociais que não foram sequer citados. Não é exagero dizer que não bastaria um livro bem mais volumoso que este somente para listar quantos ficaram comovidos pelo olhar e pelas palavras de Irmã Dulce.

Basta fazer um passeio por pavilhões, núcleos, salas de aula, para sentirmos o espírito de Irmã Dulce pairar e ser traduzido em bem por tantas pessoas que acreditam cegamente naqueles ideais que ela encarnou: "amar e servir".

BIBLIOGRAFIA

Fontes

Arquivo da *Congregazione dei Religiosi e degli Istituti Secolari*, Cidade do Vaticano.

Arquivo da *Associação Servas dos Pobres – Centro Educacional Santo Antônio*, Simões Filho, Bahia.

Arquivo do *Círculo Operário da Bahia*, Salvador, Bahia.

Utilizamos também os depoimentos de pessoas próximas a Irmã Dulce, reunidos no Archivio della Postulazione.

Estudos

ALMEIDA BONFIM, G. de. *Revista da Província Franciscana de Santo Antônio*, Recife 7, 1, pp. 296ss, 1949.

ALVES, M. M. *A Igreja e a política no Brasil*. São Paulo: Brasiliense, 1979.

AMADO, J. *Bahia de Todos os Santos*. São Paulo: Martins Editora, 1961.

AZZI, Riolando. *A neocristandade: um projeto restaurador*. São Paulo: Paulus, 1994.

BANDEIRA DE ATAIDE, Y. D. *Generazione perduta? Storia orale di vita dei "meninos de rua"*. Torino: SEI, 1996.

BARDI, P. M. Lembranças do *"Trem de ferro"*. Banco Sudameris Brasil S.A., 1983.

CARNEIRO, E. *A cidade do Salvador*: uma reconstituição histórica. Rio de Janeiro, 1954.

CORNEIRO, G. *Integrando um continente*. Rio de Janeiro: Ministério dos Transportes, Serviço de Documentação, 1970.

DE SANCTIS, A. (ed.). *Encíclicas e documentos sociais*: da *Rerum Novarum à Octagésima Adveniens*. São Paulo: LTR, 1991.

DIEHL, A. *Os Círculos Operários*: um projeto sócio-político da Igreja Católica no Rio Grande do Sul [1932-1964]. Porto Alegre: Edipucrs, 1990.

DUSSEL, E. *Storia della Chiesa in America Latina* (1492-1992). Brescia: Queriniana, 1992.

FALCÃO, J. *O Partido Comunista que eu conheci*. Rio de Janeiro: Civilização Brasileira, 1988.

FERROVIAS do Brasil. IBGE, Conselho Nacional de Estatística, 1956.

Fragoso, H. O Círculo Operário da Bahia. In: *Revista da Província Franciscana de Santo Antônio,* Recife, 44, pp. 31-43, 1986.

FREIRE DE CARVALHO FILHO, J. E. *A devoção do Senhor Bom Jesus do Bonfim e sua história*. Salvador, 1923.

FRÓES, E.; BATALHA, O. *Audácia e fé*. Entrevistas de duas repórteres com Frei Hildebrando, ofm sobre suas obras sociais e religiosas na Bahia. Salvador, 1986.

GOLDMANN, M. A. *Madre Maria Imaculada de Jesus*. Salvador, 1951.

GOMES DE CASTRO, A. O. *O novo Código Eleitoral* (Lei n. 48, de 4 de maio de 1936). Rio de Janeiro, 1936. (Bibliotheca Jurídica Brasileira, 13.)

LEAL DA COSTA, G. *Salvador dos contos, cantos e encantos*. Salvador: Gráfica Santa Helena, 2000.

LEMBRANÇA da Homenagem da Bahia a Frei Hildebrando Kruthaup, ofm em 4 de maio de 1949. Salvador: Imprensa Vitória, 1949.

LINGUA, P. *La storia del Brasile*. 1500-2000. Genova: ECIG, 2000.

LIVRETO de divulgação do Círculo Operário da Bahia. Salvador, 1950.

LOCALIZAÇÃO dos pontos de parada na rede das ferrovias, 77, Salvador, BA – Própria, SE.

LOPES PONTES, D. *O mensageiro do amor*. Organizado por Vera Lúcia de Medeiros Guimarães, s.l., 2000.

MAINWARING, S. *Igreja Católica e política no Brasil* (1916-1985). São Paulo: Brasiliense, 1989.

MARTINI, A. *Manuale di metrologia, ossia misure, pesi e monete...* Torino, 1983 (Rist. anast. Roma: ERA, 1976.)

MENEZES, C. A. de. *Ação social católica no Brasil*: corporativismo e sindicalismo. São Paulo: Loyola, 1986.

MONDIN, B. *I teologi della liberazione*. Roma: Borla, 1977.

O BRASIL REPUBLICANO. 3. Sociedade e política (1930-1964). Rio de Janeiro: Bertrand Brasil, 1997. (História geral da civilização brasileira, III, 3.)

O BRASIL REPUBLICANO. 4. Economia e cultura (1930-1964). Rio de Janeiro: Bertrand Brasil, 1997. (História geral da civilização brasileira, III, 4.)

PINTO, E. *História de uma estrada de ferro no Nordeste*. Rio de Janeiro: José Olympio, 1949.

PONTES, M. R. *Irmã Dulce dos pobres*. Fortaleza, 1999.

REGINA, Maria. *O Cardeal Leme*. Rio de Janeiro: J. Olympio, 1962.

RODRIGUES, J. A. *Sindicato e desenvolvimento no Brasil*. São Paulo: Difel, 1968.

SALES SOUZA, G. E. *Entre o religioso e o político*: uma história do Círculo Operário da Bahia. Tese apresentada à Universidade da Bahia, Salvador, 1996.

_____. O movimento operário católico no Brasil: o caso do Círculo Operário da Bahia (1937-1962). In: *Cadernos do CEAS*, 158, jul-ago 1995.

SAMPAIO, C. N. A Bahia na 2ª Guerra Mundial. In: *Revista da Academia de Letras da Bahia*, 42, pp. 136-146, 1996.

SILVEIRA DE QUEIRÓZ, D. *Livro dos transportes*. Rio de Janeiro: Ministério dos Transportes, Serviço de Documentação, 1970.

STANIKOWSKI, E. *Frei Hildebrando Kruthaup*, ofm. Um ideal humanista e social. Convento de Berdel, s.d.

TAVARES, L. H. *História da Bahia*. Salvador: Imprensa Universitária, 1974.

TOURINHO, E. *Alma e corpo da Bahia*. Rio de Janeiro, 1955.

SUMÁRIO

Apresentação 7
Capítulo 1 – A separação da família 11
Capítulo 2 – Lembranças do passado 19
Capítulo 3 – A Congregação das Irmãs Missionárias da Imaculada Conceição da Mãe de Deus 29
Capítulo 4 – O Convento do Carmo 35
Capítulo 5 – O noviciado e a emissão dos votos 43
Capítulo 6 – De volta à Bahia 55
Capítulo 7 – Humilhação e vergonha 67
Capítulo 8 – O trabalho em favor da classe operária .. 75
Capítulo 9 – A alegria em socorrer os mais necessitados 85
Capítulo 10 – A contribuição de benfeitores 97
Capítulo 11 – Mais um combate vencido 107
Capítulo 12 – Dedicação cada vez maior às questões sociais 115
Capítulo 13 – A conquista pela fé 125
Capítulo 14 – A Associação Obras Sociais Irmã Dulce 131

Capítulo 15 –	As bodas de prata de profissão religiosa	141
Capítulo 16 –	A separação entre a instituição e a comunidade	151
Capítulo 17 –	A incansável luta pelos meninos de rua	159
Capítulo 18 –	Momentos de muita tristeza	165
Capítulo 19 –	Aceito o pedido de prorrogação da desenclausuração	177
Capítulo 20 –	A readmissão na congregação	185
Capítulo 21 –	O encontro com o Papa João Paulo II	191
Capítulo 22 –	A inauguração do novo Hospital Santo Antônio	199
Capítulo 23 –	As bodas de ouro de profissão religiosa	205
Capítulo 24 –	O agravamento do estado de saúde	211
Capítulo 25 –	A partida	217
Apêndice		219
Bibliografia		227

Paulinas

Rua Dona Inácia Uchoa, 62
04110-020 – São Paulo – SP (Brasil)
Tel.: (11) 2125-3500
paulinas.com.br – editora@paulinas.com.br
Telemarketing e SAC: 0800-7010081